जीवन के लिए एक वफादार लड़ाई

द्वारा

बेथ तबानेरा

ज़ुलोन प्रेस
555 विंडरली प्लेस, सुइट 225
मैटलैंड, FL 32751
407.339.4217
www.xulonpress.com

पेपरबैक आईएसबीएन-13: 9798349639449
हार्डकवर आईएसबीएन-13: 9798349641831

समर्पण

मेरी दिवंगत दादी, अनास्तासिया, मेरी पहली प्रार्थना योद्धा, और मेरी दिवंगत दत्तक माँ, निल्डा को । आपके बिना शर्त प्यार और मार्गदर्शन ने मुझे आज वह व्यक्ति बनने के लिए सशक्त बनाया है जो मैं हूँ।

स्वीकृतियाँ

मेरी अद्भुत चिकित्सा टीम को—इस उपचार के उपहार के लिए धन्यवाद। डॉ. रूडी शार्नवेबर , मेरे न्यूरोसर्जन, जिनके कुशल हाथों और स्थिर हृदय ने मुझे एक जीवनरक्षक ऑपरेशन के दौरान मार्गदर्शन दिया। डॉ. डैनी रैमसे, मेरे हृदय शल्य चिकित्सक, जिनकी सटीकता और देखभाल ने मेरे हृदय और मेरे जीवन, दोनों में लय बहाल की। डॉ. अर्न्स्ट वॉन श्वाट्र्ज़, मेरे समर्पित हृदय रोग विशेषज्ञ, जिनकी बुद्धिमत्ता, धैर्य और करुणा ने मुझे सुरक्षित रूप से आगे बढ़ने में मदद की है। डॉ. माइकल गार्सिया, आपकी असाधारण देखभाल और इस पुस्तक के माध्यम से मुझे अपनी कहानी साझा करने के लिए प्रोत्साहित करने के लिए धन्यवाद।

मैं लॉस एंजिल्स और वेस्ट लॉस एंजिल्स स्थित कैसर परमानेंट मेडिकल सेंटर, सीडर-सिनाई अस्पताल और कल्वर सिटी स्थित सदर्न कैलिफ़ोर्निया मेडिकल अस्पताल के चिकित्सा कर्मचारियों का भी हार्दिक आभार व्यक्त करना चाहता हूँ। आपके समर्पण, पेशेवर व्यवहार और देखभाल ने मेरे इलाज और स्वास्थ्य लाभ के दौरान बहुत बड़ा बदलाव लाया।

मेरे GoFundMe में दान देने वाले सभी लोगों का मैं सदा आभारी रहूँगा। आपकी उदारता ने मेरे दिल को इस कदर छुआ है कि मैं उसे शब्दों में बयां नहीं कर सकता। प्रभु आपकी दयालुता और सहयोग के लिए आपको हज़ार गुना आशीर्वाद और पुरस्कार दें।

मेरे प्यारे परिवार और दोस्तों, आप मेरी जीवनरेखा थे। आपकी प्रार्थनाएँ, भोजन, सैर, हँसी और शांत संगति ने मुझे याद दिलाया कि मैं कभी अकेला नहीं था। प्यार का हर कार्य, चाहे वह बड़ा हो या छोटा, अंधेरे में एक रोशनी की तरह था। एवलिन और लिटो , एटे झो , पाई , महलीन , वॉवी और डैन, मिशेल, फ्लोरा, मोन और टीना, माइक, लियाना और मेरी एलाबेला , विकी, मेलानी, ग्लेंडी , मेलिसा, एरिक, डेविड, भेल और परिवार, येंग , अन्ना, रोज़ और जेवियर, लोरेटा और जैज़ , मैरी जेन, पिंकी,

अन्ना और एटे लीह का विशेष धन्यवाद। आपकी दयालुता और उपस्थिति अतुलनीय थी।

कोर चर्च, लॉस एंजिल्स में मेरे चर्च परिवार को—आध्यात्मिक शक्ति, प्रोत्साहन और आशा का स्रोत बनने के लिए धन्यवाद। पादरी स्टीव विलबर्न और उनकी पत्नी लॉरी को— सत्य और विश्वास के आपके संदेशों ने मुझमें उस समय कुछ जगाया जब मुझे इसकी सबसे ज़्यादा ज़रूरत थी। उन एल्डर्स और प्रार्थना योद्धाओं को जिन्होंने मुझे प्यार से घेर लिया और मुझे ऊपर उठाया—मैंने हर प्रार्थना को महसूस किया। पादरी केविन फेरेरी और उनकी पत्नी कैरोलीन को—मेरे आध्यात्मिक माता-पिता होने, मुझे बुद्धि से मार्गदर्शन देने, बिना किसी शर्त के मुझसे प्यार करने और प्रार्थनाओं में मुझे शामिल करने के लिए धन्यवाद। आपका अटूट समर्थन मेरे जीवन में मसीह के प्रेम का एक प्रकाश स्तंभ रहा है, और मैं आपकी उपस्थिति और सलाह के लिए सदैव आभारी रहूँगा।

सबसे बढ़कर, मैं अपने प्रभु और उद्धारकर्ता, ईसा मसीह, मेरी आत्मा के महान चिकित्सक और मुक्तिदाता का धन्यवाद करता हूँ। उनकी कृपा से ही मैं आज भी यहाँ हूँ, और उनकी महिमा के लिए ही मैं यह कहानी साझा कर रहा हूँ। इस यात्रा ने न केवल मेरे विश्वास की परीक्षा ली है, बल्कि उसे और गहरा भी किया है। मेरी हर साँस उनकी दया और उद्देश्य का प्रमाण है। यह पुस्तक न केवल मेरे द्वारा सहे गए कष्टों का प्रतिबिंब है, बल्कि यह उपचार, विश्वास और प्रेम की असाधारण शक्ति का उत्सव है।

हर बात में धन्यवाद करो, क्योंकि मसीह यीशु में तुम्हारे लिये परमेश्वर की यही इच्छा है। 1 थिस्सलुनीकियों 5:18

प्रस्तावना

सच कहूँ तो: मैं धार्मिक व्यक्ति नहीं हूँ। इसलिए, जब मैंने पहली बार बेथ टैबनेरा की किताब के बारे में सुना—जो आस्था, प्रार्थना और समर्पण में गहराई से निहित है—तो मुझे समझ नहीं आ रहा था कि क्या उम्मीद करूँ। फिर भी, उसके पन्नों ने एक ऐसी कहानी खोली जो धर्म से परे है। यह परिवर्तन, साहस और जीवन के बिखराव के समय किसी महान चीज़ की खोज की कहानी है—और उपचार की ओर यात्रा का एक रोडमैप भी है।

बेथ से मेरी पहली मुलाक़ात 2006 में हुई थी, मुझे इस बात का अंदाज़ा नहीं था कि वह जल्द ही मेरे जीवन पर कितना गहरा प्रभाव डालने वाली है। मेरी बेटी की परवरिश में मदद करने के अलावा, बेथ सहज रूप से जानती थी कि मेरे स्वास्थ्य लाभ में कैसे मदद करनी है। हममें से कोई भी पूरी तरह सुरक्षित नहीं है; हमें सभी को मदद की ज़रूरत होती है। जब मैं इतनी कमज़ोर हो गई थी कि खाना भी नहीं खा सकती थी, तो उसने मुझे फिर से ताकत दी, अपने स्थानीय व्यंजनों से ऐसे व्यंजन बनाए जो मुझे पोषण, आराम और देखभाल प्रदान करते थे। उसने यह सब पहचान या इनाम के लिए नहीं किया; उसने ऐसा इसलिए किया क्योंकि वह सचमुच एक दयालु इंसान है जो अपने आसपास के लोगों के उत्थान के लिए समर्पित है।

वर्षों से, मैंने बेथ के संघर्षों और विजयों को प्रत्यक्ष रूप से देखा है, यहां तक कि मैंने उसके लिए पावर ऑफ अटॉर्नी के रूप में भी काम किया है - एक जिम्मेदारी जिसके लिए मैं आभारी हूं कि मुझे कभी कार्य नहीं करना पड़ा - क्योंकि उपचार की उसकी अविश्वसनीय यात्रा चमत्कार से कम नहीं थी।

यह किताब किसी का धर्म परिवर्तन कराने के बारे में नहीं है। यह दिखाने के बारे में है कि जब आप गहराई से सुनते हैं तो क्या संभव है—खुद को, विश्वास की शांत लहरों को, और इस विचार को कि उपचार हमेशा सीधा, तार्किक या आसानी से समझाने योग्य नहीं होता। बेथ उपदेश नहीं देती। वह हमें प्रकट करती है, चिंतन करती है, और अपने जीवन के उन द्वारों में अपने साथ चलने के लिए आमंत्रित करती है जो वह खोलती है।

आपकी मान्यताओं के बावजूद, बेथ के सवाल सार्वभौमिक हैं: जब मैं दर्द में हूँ तो मैं कैसे आगे बढ़ूँ? संपूर्ण होने का क्या मतलब है? जब कुछ भी काम न आए तो मैं कहाँ जाऊँ? इस कहानी से गहराई से प्रभावित होने के लिए आपको धार्मिक होने की ज़रूरत नहीं है। आपको बस इंसान होने की ज़रूरत है।

माइक मोंटगोमरी

लॉस एंजिल्स, CA

परिचय:
कुछ भी समझ में नहीं आया

मैं एक अनजानी जगह पर जागा, एक आँख खुली थी और दूसरी बंद, और भारी। मेरा दिमाग़ जो देख रहा था उसे समझने की कोशिश कर रहा था। कमरा मेरे चारों ओर घूमते अनजान चेहरों से भरा था, लेकिन सब कुछ दूर, धुंधला सा लग रहा था। मेरी नज़र धुंधली थी, और दर्द मेरे पूरे शरीर में दौड़ रहा था। मुझे कुछ समझ नहीं आ रहा था कि मेरे साथ क्या हुआ है।

क्या मैं मर गया था? क्या मैं स्वर्ग में था? मेरा दिल तेज़ी से धड़क रहा था, लेकिन मेरा शरीर भारी लग रहा था, मानो मैं हिल भी नहीं पा रहा था, बोल भी नहीं पा रहा था। सब कुछ धुंधला सा था, मानो मैं दो दुनियाओं के बीच फँस गया हूँ। मेरे सीने में डर बैठ गया, और मेरे विचार बेतहाशा घूमने लगे। मैंने याद करने की कोशिश की कि मुझे वहाँ क्या लाया था, लेकिन यादें मेरी पहुँच से बाहर थीं, मेरी उंगलियों से रेत की तरह फिसल रही थीं...

पिछले साढ़े आठ सालों में, मैंने ओपन-हार्ट सर्जरी, ओवेरियन सर्जरी, कोहनी की सर्जरी, बेल्स पाल्सी, कोविड-19 और कई ब्रेन सर्जरी झेलते हुए, लचीलेपन की एक अविश्वसनीय यात्रा शुरू की है। इस पूरी यात्रा के दौरान, ईसा मसीह में मेरा विश्वास गहरा होता गया है, जो मेरे मार्ग को रोशन करने वाली आशा की किरण के रूप में कार्य करता है।

परमेश्वर के वादों के अनुसार, उसने मुझे आश्वस्त किया है कि वह मुझे कभी नहीं छोड़ेगा और न ही त्यागेगा। परमेश्वर मेरी प्रार्थनाओं पर ध्यान देता है और मेरे द्वारा सामना की गई हर परिस्थिति से पूरी तरह वाकिफ है। हम सभी जीवन में विभिन्न चुनौतियों का सामना करते हैं, और मेरे अनुभव भी कोई अपवाद नहीं हैं। हालाँकि यह एक निरंतर संघर्ष जैसा लग सकता है, मैं हर संघर्ष से रूपांतरित और पूरी तरह से स्वस्थ महसूस करता हूँ।

भजन 23 मुझे याद दिलाता है कि हमारा परमेश्वर कौन है। वह हमारी हर चीज़ का स्रोत है, चाहे हम जीवन में किसी भी स्थिति से गुज़रें। वह हमारा उद्धारकर्ता और हमारी जीवित आशा है।

भजन 23

दाऊद का एक भजन

(एनएएसबी 1995)

1 *यहोवा मेरा चरवाहा है,*

मुझे यह अच्छा नहीं लगेगा।

2 *वह मुझे हरी-हरी चराइयों में बैठाता है;*

वह मुझे शान्त जल के किनारे ले जाता है।

3 *वह मेरे प्राण को बहाल करता है;*

वह मुझे धर्म के मार्ग पर मार्गदर्शन करता है

उसके नाम के लिए.

4 *भले ही मैं घाटी से होकर चलता हूँ*

छाया ,

मैं किसी बुराई से नहीं डरता, क्योंकि तू मेरे साथ है;

तेरी लाठी और तेरी लाठी,

वे मुझे सांत्वना देते हैं।

5 *तू मेरे सामने मेज़ सजाता है*

मेरे शत्रुओं की उपस्थिति में ;

तूने मेरे सिर पर तेल मल दिया है;

मेरा प्याला छलक रहा है।

6 *निश्चय ही भलाई और करुणा प्रगट होगी*

जीवन भर मेरा अनुसरण करो ,

और मैं यहोवा के घर में सदा वास करूंगा।

ईश्वर मेरे भरण-पोषणकर्ता रहे हैं, और उन्होंने यह सुनिश्चित किया है कि अनिश्चितता के समय में भी मेरी ज़रूरतें पूरी हों। परिवार, दोस्तों के सहयोग और अप्रत्याशित दयालुता के माध्यम से, उन्होंने मुझे असीम आशीर्वाद दिया है।

मेरे स्वास्थ्य संबंधी संघर्षों के बाद, खासकर मेरी सर्जरी और उससे पहले की चुनौतियों के बाद, ईश्वर ने मुझे विश्राम और पुनर्स्थापना की ओर अग्रसर किया है। उन्होंने मेरे शरीर को स्वस्थ और मेरी आत्मा को शांति प्रदान की है।

जिन अंधेरी घाटियों से मैं गुज़रा हूँ, उनमें ईश्वर मेरे साथ रहे हैं, मुझे शक्ति और आशा प्रदान करते रहे हैं। उनकी सुरक्षा और मार्गदर्शन ने मुझे सांत्वना दी है, तब भी जब आगे का रास्ता अनिश्चित था। उनका प्रेम मुझे घेरे रहा है, जो प्रियजनों के सहयोग और मेरे विश्वास समुदाय की प्रार्थनाओं के माध्यम से प्रकट होता है।

कठिनाइयों का सामना करने के बावजूद, भगवान ने मुझे अनेक आशीर्वाद दिए हैं।

पीछे मुड़कर देखने पर, मैं अपनी पूरी यात्रा में ईश्वर की भलाई और दया देख सकता हूँ। जैसे-जैसे मैं आगे बढ़ता हूँ, मुझे याद आता है कि उनकी आशीषें और उपस्थिति हमेशा मेरे साथ रहेगी। मेरा जीवन एक जीवंत भजन 23 है, जो ईश्वर के अटूट प्रेम, प्रावधान और अनुग्रह का प्रमाण है।

सबसे चुनौतीपूर्ण क्षणों में भी, मैं निडर रहती हूँ और भरोसा रखती हूँ कि प्रभु मेरे मार्गदर्शक हैं, हमेशा मेरे साथ हैं, मुझे सांत्वना और मार्गदर्शन प्रदान करते हैं। वे ही मेरे पोषण, आशा, ज्ञान और अनुग्रह का एकमात्र स्रोत हैं।

जीवन-संकटपूर्ण परिस्थितियों के मेरे अनुभवों ने मेरे इस विश्वास को और मजबूत कर दिया है कि प्रभु की उपस्थिति मेरी सुरक्षा सुनिश्चित करती है।

विषयसूची

अध्याय 1
मेरी दादी का प्यार और प्रार्थनाएँ

परिवार अक्सर खून के रिश्ते से परिभाषित होता है, लेकिन मेरी कहानी दिखाती है कि परिवार का मतलब एक-दूसरे के लिए हमारे प्यार और त्याग से भी है। हालाँकि मुझे गोद लिया गया था, लेकिन अपने परिवार से मिले प्यार और देखभाल ने मुझे गहराई से आकार दिया। मेरी गोद लेने की कहानी मेरी दादी के प्यार और उनके द्वारा छोड़ी गई विरासत से गहराई से जुड़ी हुई है, न केवल एक देखभालकर्ता के रूप में, बल्कि शक्ति और त्याग के प्रतीक के रूप में भी।

मेरी दादी, अनास्तासिया, एक मज़बूत, मगर सौम्य महिला थीं, जो प्रेम और अटूट विश्वास से भरी थीं। उन्होंने जीवन की कठिनाइयों का सामना शालीनता से किया और मेरे दादाजी के निधन के बाद अपनी पाँच साल की बेटी (मेरी दत्तक माँ) का अकेले ही पालन-पोषण किया। एकल माँ होने की चुनौतियों के बावजूद, उन्होंने मेरी माँ को एक आरामदायक जीवन और अच्छी शिक्षा देने के लिए कड़ी मेहनत की, यह सुनिश्चित करते हुए कि उन्हें सम्मान और शक्ति के साथ जीने का आधार मिले। कम उम्र होने के बावजूद, उन्होंने कभी दोबारा शादी नहीं की, न ही किसी और के साथ रहने के बारे में सोचा।

जब मैं उनकी ज़िंदगी में आई, तो उन्होंने मुझे उसी प्यार और समर्पण से अपनाया जैसे उन्होंने मेरी माँ को मुझे पालने में मदद की थी। वह सिर्फ़ मेरी दादी ही नहीं थीं; वह मेरी दूसरी माँ, मेरी रक्षक और मेरे लिए सांत्वना का स्रोत थीं। मैं हर रात उनके पास सोती थी, उनकी गर्मजोशी में सुरक्षित महसूस करती थी। चाहे वह कितनी भी व्यस्त या थकी हुई क्यों न हों, उनके पास हमेशा मेरे लिए समय होता था।

उन्होंने मुझे जो सबसे अनमोल तोहफ़ा दिया, वह था मुझे यीशु से मिलवाना। उन्होंने मुझे प्रार्थना करना सिखाया, उन्हें "पापा यीशु" कहकर पुकारा, और हर शाम, वह यीशु से ज़ोर से बात करतीं और हमारे दिन भर की बातें बतातीं। उनमें से ज़्यादातर बातचीत मेरे बारे में होती थीं। कभी

इस बारे में कि मैं कैसे बदतमीज़ी करता हूँ, कभी इस बारे में कि वह चाहती हैं कि मैं उनकी ज़्यादा सुनूँ, लेकिन हमेशा प्यार और मेरी सुरक्षा और भविष्य के लिए प्रार्थनाओं से भरी होती थीं। यहाँ तक कि जब मैं परेशान होता और पापा यीशु को मेरी शरारतों के बारे में बताने पर उन्हें चिकोटी काटता, तब भी वह मेरे लिए प्रार्थना करना नहीं छोड़ती थीं।

उसका प्यार अटल था, लेकिन ज़िंदगी की नाज़ुकता भी उतनी ही थी। मेरे बारहवें जन्मदिन के अगले दिन ही उसका देहांत हो गया। मैं उसकी आखिरी साँस तक उसके साथ कमरे में रहा, और पापा जीसस से प्रार्थना करता रहा कि वे उसे मुझसे दूर न करें। मैं और समय चाहता था, प्रार्थना की और रातें, और उसका अटूट प्यार। लेकिन उसका शरीर थका हुआ था, और अस्थमा ने उसे मुझसे छीन लिया।

पीछे मुड़कर देखता हूँ तो मुझे एहसास होता है कि मेरे जीवन का कितना बड़ा हिस्सा उनके प्यार और प्रार्थनाओं से बना है। उन्होंने न सिर्फ़ मुझे पाला-पोसा; बल्कि मुझे विश्वास और गहरी सुरक्षा की भावना से भी घेरा। हालाँकि मुझे तब इसका एहसास नहीं था, उनकी प्रार्थनाएँ उनका सबसे बड़ा त्याग और सबसे बड़ा उपहार थीं। वह मेरे जीवन में सिर्फ़ अच्छी चीज़ें ही नहीं माँग रही थीं; वह मुझे ईश्वर की देखभाल में सौंप रही थीं, यह सुनिश्चित करते हुए कि उनके जाने के बाद भी, मैं हमेशा सुरक्षित रहूँ। आज भी, मुझे लगता है कि उनकी प्रार्थनाएँ मुझे ढँक रही हैं, मेरे हर सफ़र में मेरी रक्षा कर रही हैं।

मेरी दादी मेरे लिए एक सुरक्षित जगह, मेरी मार्गदर्शक और मेरा सबसे बड़ा आशीर्वाद थीं। मैं हमेशा उनके द्वारा दिए गए प्यार, उनके द्वारा सिखाए गए सबक और मेरे दिल में उनके द्वारा जगाए गए विश्वास को संजो कर रखूँगा।

अध्याय 2
बचपन की यादें ताज़ा करना और महानता की मेरी खोज

बड़े होते हुए, मैं अक्सर अपनी दत्तक माँ की यूरोप यात्राओं, खासकर जर्मनी में बिताए समय की कहानियों के सपने देखा करता था। मुझे बचपन में सोते समय उनकी कहानियाँ याद हैं। हालाँकि ज़्यादातर बच्चों को बच्चों की किताबों से कहानियाँ सुनाई जाती थीं, हमारी कहानियाँ अनोखी थीं। मेरी माँ अपने बचपन, कॉलेज के दिनों और अपनी माँ से दूर छात्रावास में रहने के अपने अनुभवों के बारे में मुझे जीवंत कहानियाँ सुनाती थीं।

मेरी पसंदीदा कहानियाँ कॉलेज के बाद उसके यूरोपीय रोमांचों के बारे में थीं। वह अपनी पहली अंतरराष्ट्रीय यात्रा और बर्फबारी देखने के अनुभव को लेकर बेहद उत्साहित थी। उसने ठंडी हवा, शांत सर्दियों के नज़ारों और सबसे बढ़कर, बर्फ़ के बारे में बताया। उसने बताया कि जब ज़मीन सफ़ेद चादर से ढकी होती है तो दुनिया कैसे धीमी हो जाती है और बर्फ़ की मोटी परत के नीचे सब कुछ कितना जादुई लगता है। उसकी कहानियों ने एक ऐसी अद्भुत दुनिया की तस्वीर खींची जिसकी मैं सिर्फ़ कल्पना ही कर सकती थी; जो फिलीपींस में अनुभव की गई गर्म, उमस भरी गर्मियों और बरसाती तूफ़ान के मौसम से बिल्कुल अलग थी।

मैं आँखें बंद करके उन बर्फीली गलियों में घूमने का सपना देखती, ठीक वैसे ही जैसे वह किया करती थी। मैं खुद भी इसे अनुभव करना चाहती थी: ठंड का एहसास, ताज़ी बर्फ का स्वाद और बदलते मौसमों का गवाह। माँ ने यह भी बताया कि उन्हें अपने दोस्तों के साथ मोहल्ले में घूमना कितना अच्छा लगता था, अंगूर और सेब के पेड़ों से सजी गलियों से गुज़रना, जहाँ से वे आसानी से फल तोड़कर घर ले जा सकते थे।

फिलीपींस में सेब और अंगूर दुर्लभ हैं क्योंकि हमारे देश में इनकी खेती नहीं होती, और जब ये किराने की दुकानों में मिलते भी हैं, तो महंगे होते हैं। इसलिए उसके लिए सड़क किनारे इन फलों को उगते देखना वाकई अद्भुत

था। वह मुझे और मेरे भाई-बहनों को अपनी एक तस्वीर भी दिखाती थी, जिसमें वह अपने चेहरे के ठीक पास अंगूरों का एक गुच्छा पकड़े हुए थी।

जैसे-जैसे साल बीतते गए, मैं अपनी आकांक्षाओं के प्रति प्रतिबद्ध रहा और मेरे सपने अटल रहे। जब मुझे कॉलेज के बाद विदेश में अपना करियर शुरू करने का अवसर मिला, तो मैंने इसे अपनी अगली मंज़िल की ओर एक रणनीतिक कदम माना। फिर, अंतरराष्ट्रीय जीवन के माध्यम से, मुझे विविध संस्कृतियों, परंपराओं और व्यंजनों का बहुमूल्य अनुभव प्राप्त हुआ, जिसने अंततः व्यापक रूप से यात्रा करने और जीवन के विभिन्न तरीकों का अनुभव करने की मेरी महत्वाकांक्षा को और बल दिया।

उन्नीस साल की उम्र में बहरीन में रहते हुए, मुझे एक परिवर्तनकारी अनुभव हुआ और मैं एक पुनर्जन्म लेने वाले आस्तिक में बदल गया। एक मित्र ने मुझे एक भूमिगत प्रार्थना सभा में आमंत्रित किया, जहाँ उस कार्यक्रम की देखरेख कर रही महिला ने आध्यात्मिक पुनर्जन्म से संबंधित शास्त्रों को मेरे साथ साझा किया। मुझे अपने आध्यात्मिक पथ में हमेशा एक खालीपन का एहसास होता था और मैं यह जानने की कोशिश करता था कि मेरे आध्यात्मिक अस्तित्व में क्या कमी है। मुझे उस क्षण यीशु को अपना प्रभु और निजी उद्धारकर्ता स्वीकार करने का निर्णय लेने पर बहुत खुशी है, और मैं उस मित्र का बहुत आभारी हूँ जिसने मुझे उस दिव्य मिलन में भाग लेने के लिए आमंत्रित किया। ईश्वर का समय हमेशा सही होता है, और हमें उसकी योजना का हिस्सा बनने के लिए बुलाया गया है।

क्योंकि यहोवा की यह वाणी है, "मैं तुम्हारे विषय जो कल्पनाएँ करता हूँ उन्हें मैं जानता हूँ, वे हानि की नहीं, वरन कुशल की हैं, और अन्त में तुम्हारी आशा पूरी करूँगा।" यिर्मयाह 29:11

परमेश्वर संकेत दे रहे हैं कि वर्तमान कठिनाइयों के बावजूद, उनके पास हमारे जीवन में शांति बहाल करने और उसे बहाल करने की योजनाएँ हैं। परमेश्वर हमारे भविष्य की बागडोर संभालते हैं, और मैं उनके अटल प्रेम, मार्गदर्शन और देखभाल के लिए सदा आभारी हूँ।

अरब प्रायद्वीप में पाँच साल रहने और काम करने के बाद, मुझे मास्को, रूस में बसने का अवसर मिला, जिससे मेरी माँ द्वारा मुझमें जगाई गई एक

आजीवन महत्वाकांक्षा साकार हुई। अपनी लंबी सर्दियों और गहन सांस्कृतिक विरासत के लिए प्रसिद्ध मास्को, मेरी लंबे समय से संजोई आकांक्षाओं की मूर्त अभिव्यक्ति का अनुभव करने के लिए एक आदर्श स्थान के रूप में उभरा। शीतकालीन संक्रांति के दौरान मास्को में रहना मेरी माँ की कहानियों में से एक के दायरे में प्रवेश करने के समान था। आसपास की हवा ठंडी और ताज़ा थी, जिसमें एक तेज़, चुभने वाली ठंडक थी जिससे मेरी साँसें मंडराते बादल की तरह दिखाई दे रही थीं।

16 दिसंबर 1994, आधी रात से ठीक पहले, मेरे जीवन की पहली बर्फबारी हुई। मैं और मेरे रूसी सहकर्मी अपनी नाइट शिफ्ट से निकलकर मॉस्को स्थित अपने अपार्टमेंट की ओर जा रहे थे, तभी हमारे ड्राइवर ने हमें बताया कि बर्फबारी शुरू हो गई है। सभी मेरे लिए उत्साहित थे क्योंकि मैं बेसब्री से बर्फबारी का इंतज़ार कर रहा था। मैंने अपने सहकर्मियों से यह भी पूछा कि क्या कभी बिना बर्फ के सर्दी पड़ी है; बेशक, वे सब मेरी अज्ञानता पर हँसे।

उस साल, बर्फ़ बहुत देर से गिरी थी, और मैं बहुत चिंतित था! उस रात मुझे नींद नहीं आई, मैं बेसब्री से सुबह का इंतज़ार कर रहा था ताकि उस खूबसूरत नज़ारे को देख सकूँ। सच में, जब सुबह हुई, तो मैं पूरी तरह से विस्मित था! मैंने पूरा दिन खिड़की के पास बैठकर बच्चों की तरह बर्फ़ गिरते हुए देखा। यह बिल्कुल जादुई था, बिल्कुल वैसा ही जैसा मेरी माँ ने बताया था।

भारी बर्फबारी हो रही थी और मैं सोच में पड़ गया कि बाहर रहना कैसा होगा, इसलिए मैंने इसे खुद अनुभव करने का फैसला किया। दुनिया शांत और स्थिर लग रही थी, हवा मेरी त्वचा पर ठंडी पड़ रही थी। हर कदम के साथ, मेरे पैरों के नीचे ताज़ी बर्फ चटक रही थी, एक अपरिचित और सुकून देने वाली आवाज़। और हाँ, मैं खुद को रोक नहीं पाया—मैंने इसका स्वाद चखा! उस पल में कुछ बचपन जैसा और पवित्र था, प्रकृति की सुंदरता को उसके सबसे अनगढ़ रूप में अपनाने का एक सहज आनंद। शहरी परिदृश्य एक समान रूप से बर्फ से ढका हुआ था, सड़कें, छतें और पेड़ सब

बर्फ़ से ढके हुए थे, जबकि रात का आसमान सिनेमाई चित्रणों की याद दिलाते हुए एक तीव्र, चमकदार गुणवत्ता के साथ चमक रहा था।

अगले कुछ महीनों में, मैंने रूसी सर्दियों की हर चीज़ का आनंद लिया। मैंने गर्म कपड़े पहनना सीखा, हर मौके पर गर्म पेय पीना सीखा, और उन पलों का आनंद लिया जब बर्फबारी ने दुनिया को किसी सपने में बदल दिया। हालाँकि, मॉस्को का खास आकर्षण सिर्फ़ बर्फ़ की वजह से नहीं था। यह शहर अपने आप में एक गहरे इतिहास की भावना समेटे हुए था, मानो हर कोने में कोई कहानी हो।

मॉस्को में रेड स्क्वायर ज़रूर देखना चाहिए। इसके ऐतिहासिक मैदान पर कदम रखते ही ऐसा लगा जैसे इतिहास के किसी जीवंत टुकड़े में चल रहे हों। सेंट बेसिल कैथेड्रल, क्रेमलिन और स्टेट हिस्टोरिकल म्यूज़ियम जैसे प्रतिष्ठित स्थलों से घिरे इस स्क्वायर की भव्यता अद्भुत थी। कैथेड्रल के प्याज़ जैसे गुंबदों के चटकीले रंग और दुनिया भर से आए पर्यटकों से भरा विशाल खुला स्थान इसे एक यादगार और विस्मयकारी अनुभव बनाता था। वहाँ खड़े होकर, मैं इस प्रतिष्ठित स्थान की सुंदरता और महत्व पर अचंभित हुए बिना नहीं रह सका।

आर्बट एवेन्यू पर टहलना एक अद्भुत अनुभव था। मॉस्को के इस लोकप्रिय पर्यटक आकर्षण की चहल-पहल मनमोहक थी। दुकानों, रेस्टोरेंट और जीवंत शहरी जीवन से सजी यह जगह आधुनिक मॉस्को के दिल की एक झलक पेश करती थी। दूर, प्रतिष्ठित सेवन सिस्टर्स इमारतों में से एक क्षितिज पर गर्व से खड़ी थी—शहर की समृद्ध स्थापत्य विरासत की एक अद्भुत याद। पुराने और नए के मिश्रण ने इस सैर को अविस्मरणीय बना दिया क्योंकि मैं शहर की सुंदरता और चरित्र में डूब गया।

मॉस्को में एक प्रवासी के रूप में रहना एक रोमांचकारी अनुभव था, और इसने मुझे अपनी माँ द्वारा साझा की गई कहानियों से फिर से जुड़ने का मौका भी दिया। मेरी माँ के यात्रा के जुनून की तरह, मुझे भी विभिन्न यूरोपीय शहरों और ग्रामीण इलाकों की खोज करने, देशों के बीच रेलगाड़ियों की सवारी का आनंद लेने का अवसर मिला। मुझे ऐसा लगा जैसे मैं उनके नक्शेकदम पर चल रहा हूँ, उसी ठंडी हवा में साँस ले रहा हूँ और

उसी तरह की सर्दी का अनुभव कर रहा हूँ जैसा उन्होंने कभी महसूस किया था। यह सिर्फ़ बर्फ़ के बारे में नहीं था; यह एक पीढ़ी से दूसरी पीढ़ी तक पहुँचे एक सपने को पूरा करने के बारे में था।

वहाँ खड़े होकर बर्फ से ढके शहर को देखते हुए, मुझे एहसास हुआ कि मेरी यात्राएँ मुझे एक चक्र में ले आई हैं। बचपन का जो सपना शुरू हुआ था, वह न केवल मेरे अपने अनुभवों से, बल्कि मेरी माँ की कहानियों की विरासत से भी एक हकीकत बन गया था। बीते ज़माने की यादें और सर्दियों की रौनक का आकर्षण अभी भी बना हुआ था, जो संभावनाओं की एक नई किरण जगा रहा था।

रूस की छह सर्दियाँ झेलने के बाद, मैं उस दौरान हुए यादगार अनुभवों और बनी दोस्ती को याद करता हूँ। हालाँकि भाषा एक चुनौती थी, फिर भी मैंने हिम्मत नहीं हारी और धीरे-धीरे अपने संवाद कौशल में सुधार किया, जिससे स्थानीय समुदाय के साथ सार्थक संबंध विकसित हुए। रूस के प्रति मेरा लगाव बढ़ गया है, और मैं किसी दिन वहाँ वापस आने के लिए उत्सुक हूँ।

2000 में रूस से कैलिफ़ोर्निया आने के लिए जलवायु में काफ़ी बदलाव करने पड़े। कैलिफ़ोर्निया अपने धूप भरे दिनों और हल्के तापमान के लिए जाना जाता है, जो रूस की ठंडी और कठोर सर्दियों से बिल्कुल अलग है। हालाँकि मुझे बर्फ़ में बिताया गया समय बहुत पसंद था, लेकिन कैलिफ़ोर्निया की धूप और गर्म तापमान के साथ तालमेल बिठाना एक ताज़ा बदलाव था।

वाह, सितारों का शहर! लॉस एंजिल्स एक ऐसी जगह है जिसे घर कहा जा सकता है। यहाँ देखने और करने के लिए बहुत कुछ है, हॉलीवुड वॉक ऑफ़ फ़ेम से लेकर हॉलीवुड साइन, ग्रिफ़िथ वेधशाला, लॉस एंजिल्स काउंटी म्यूज़ियम ऑफ़ आर्ट का अर्बन लाइट, मशहूर बेवर्ली हिल्स, वेनिस बीच, और हाँ, शहर की गगनचुंबी इमारतें।

खूबसूरत नज़ारों के साथ-साथ, मैं इसकी जीवंत संस्कृति और विविधता से तुरंत मंत्रमुग्ध हो गया। लॉस एंजिल्स की विविधता का जश्न मनाना लाज़मी है! यह संस्कृतियों का एक ऐसा संगम है जो शहर के खाने,

कला और लोगों में झलकता है। आप बस सड़क पर टहलते हुए या अलग-अलग रेस्टोरेंट में जाकर कई अलग-अलग संस्कृतियों का अनुभव कर सकते हैं। जीवंत मैक्सिकन इलाकों से लेकर चहल-पहल वाले चाइनाटाउन, सबसे विविध कोरियाटाउन और ऐतिहासिक फिलिपिनो शहर तक।

लॉस एंजिल्स में रहना मेरे अब तक के सबसे रणनीतिक फैसलों में से एक रहा है। दुनिया के सबसे बेहतरीन मौसम के अलावा, शहर के स्नेही और दयालु लोगों ने मेरे अनुभव को और भी खास बना दिया है। अपने पूरे करियर में, मुझे लॉस एंजिल्स के विभिन्न शहरों में काम करने और अलग-अलग पेशेवर रास्ते तलाशने का मौका मिला है, लेकिन मैंने हमेशा खुद को नवजात शिशुओं से लेकर किशोरों तक, सभी आयु वर्ग के बच्चों के साथ काम करने के लिए आकर्षित पाया है।

हाई स्कूल के दिनों में, मेरी माँ अक्सर मुझे शिक्षक बनने का सुझाव देती थीं, लेकिन किसी कारणवश, मेरा कभी उस करियर में मन नहीं लगा। हालाँकि, कई सालों बाद, मुझे एहसास हुआ कि मुझे उनकी सलाह माननी चाहिए थी। अमेरिका में रहने का एक पहलू जो मुझे पसंद है, वह है अपनी शिक्षा को आगे बढ़ाने और निरंतर कोर्सवर्क के ज़रिए पेशेवर रूप से आगे बढ़ने का अवसर।

संयुक्त राज्य अमेरिका में रहने के अनगिनत लाभों के अलावा, यहाँ की स्वास्थ्य सेवा प्रणाली भी विशेष रूप से उल्लेखनीय है। मैं स्वास्थ्य सेवा में हुई प्रगति की बहुत सराहना करता हूँ, और एक निवासी होने के नाते, किसी भी व्यक्ति को अपनी ज़रूरत की हर चिकित्सा सहायता प्राप्त करने का विशेषाधिकार प्राप्त है। स्वास्थ्य बीमा महँगा हो सकता है, लेकिन मेरे जैसे गंभीर बीमारियों से ग्रस्त व्यक्तियों के लिए, यह निवेश के लायक है।

एक वयस्क के रूप में अंतरराष्ट्रीय स्तर पर रहते हुए, अपने स्वास्थ्य का प्रबंधन करना अक्सर एक चुनौती रहा है। परिचित स्वास्थ्य सेवा तक आसान पहुँच के अभाव में, जब भी मुझे कुछ गड़बड़ महसूस होती थी, मैं खुद ही निदान पर निर्भर हो जाता था...

अध्याय 3
हृदय रोग की खोज

मैं लगभग तैंतालीस वर्षों से एक स्वस्थ और सक्रिय जीवनशैली जी रहा हूँ, और मुझे स्वास्थ्य संबंधी कुछ ही समस्याएँ रही हैं। मेरे जीवन की यात्रा अंतरराष्ट्रीय अनुभवों के समृद्ध ताने-बाने से जुड़ी रही है। मैंने कभी भी खुद को अजेय समझने का भ्रम नहीं पाल रखा, लेकिन मुझे कभी भी गंभीर बीमारी या अस्पताल में भर्ती होने की चुनौती का सामना भी नहीं करना पड़ा। अच्छा स्वास्थ्य एक ऐसी चीज़ थी जिसे मैंने कभी हल्के में नहीं लिया, फिर भी यह मेरा निरंतर साथी बना रहा, चुपचाप मेरी आज़ादी, स्वतंत्रता और संभावनाओं के एहसास को मज़बूत करता रहा। मेरे दिन उद्देश्य और गति से भरे हुए थे, और शायद ही कभी किसी सर्दी-ज़ुकाम या मामूली बीमारी से ज़्यादा कुछ बाधित होता था।

लेकिन मई 2016 के कुछ हफ़्तों में, मेरी सेहत अचानक और तेज़ी से बिगड़ने लगी, और मुझे समझ नहीं आ रहा था कि ऐसा क्यों हो रहा है। मैंने हर चेतावनी को तुरंत नज़रअंदाज़ कर दिया और अपनी तेज़ रफ़्तार जारी रखी, काम और सामाजिक ज़िम्मेदारियों पर ध्यान केंद्रित करती रही, लेकिन एक दिन ऐसा आया कि मैं इसे बर्दाश्त नहीं कर पाई। अगर मैं इतनी बेसुध न होती, तो यह दिन मुझे हमेशा याद रहता। मैं इतनी बीमार हो गई कि नहा भी नहीं पाई।

अस्वस्थता के कारण मुश्किल से चल पा रहा था। वे दवाइयाँ, सूप और किराने का सामान लाए। उनकी हरकतें विचारशीलता और देखभाल से भरी थीं, जिससे मुझे उन चुनौतियों से निपटने में मदद मिली जिनका मैं सामना कर रहा था। उनकी दयालुता ने मुझे गहराई से प्रभावित किया, और मुझे पता भी नहीं चला कि मेरे चेहरे पर आँसू बहने लगे। मेरी परेशानी देखकर, माइक ने बिना किसी हिचकिचाहट के अपना कंधा दिया और मुझे वह सांत्वना और आश्वासन दिया जिसकी मुझे सख्त ज़रूरत थी। उस पल में, उनकी उपस्थिति मेरे लिए एक जीवन रेखा थी, एक याद दिलाने वाली कि ज़रूरत पड़ने पर मदद उपलब्ध है।

मैं माइक और उनकी पत्नी लियाना को काफी समय से जानता हूँ, और वे हमेशा मुझे ऐसे भाई-बहन जैसे लगते हैं जो मुझे कभी नहीं मिले। उनकी उदारता, करुणा और अटूट सहयोग मेरे जीवन में एक आशीर्वाद रहा है। मैं उन्हें जानने और स्वर्ग के इस हिस्से में अपनी यात्रा का हिस्सा बनने के लिए बहुत आभारी हूँ। हालाँकि, माइक के साथ बिताया वह पल कुछ ऐसा था जिसे मैं कभी नहीं भूल पाऊँगा, दयालुता की शक्ति और दूसरों के लिए उपस्थित होने के महत्व का एक सच्चा प्रमाण।

सबसे परेशान करने वाले लक्षणों में से एक था साँस लेने में तकलीफ़। चूँकि मेरे परिवार में अस्थमा का इतिहास रहा है, इसलिए मैंने मान लिया कि यही इसका कारण होगा। मेरे पास एक इनहेलर भी था और मैं ज़रूरत पड़ने पर उसका इस्तेमाल करता था, बिना किसी विशेषज्ञ से मिलने के बारे में सोचे। मुझे यह एहसास नहीं था कि मेरे लक्षण अस्थमा के बिल्कुल नहीं थे; ये दिल की बीमारी के लक्षण थे। साँस लेने में तकलीफ़, थकान, बेचैनी, इन सबका मूल कारण अलग-अलग था। इस सफ़र ने मुझे अपने शरीर की आवाज़ सुनने और पेशेवर मार्गदर्शन लेने का महत्व सिखाया है, बजाय इसके कि मैं यह मान लूँ कि मेरे पास ही सब कुछ है।

किसी तरह, मैं खुद को आपातकालीन कक्ष तक घसीटने में कामयाब रही। मुझे उम्मीद थी कि वे कोई ऐसी दवा लिखेंगे जो मेरे लक्षणों का कारण बनने वाली हर चीज़ को जल्दी और आसानी से ठीक कर देगी। डॉक्टर ने मुझे बताया कि मुझे निमोनिया है; उस निमोनिया ने मुझ पर कहर ढाया। मैं आपातकालीन कक्ष में नियमित रूप से जाने लगी, जो एक दुष्चक्र था और अंतहीन, जब तक कि एक दोस्त, जो एक पंजीकृत नर्स थी, ने मुझे आपातकालीन कक्ष में जाने के लिए प्रेरित नहीं किया। अपनी दोस्त की सलाह पर, मैंने अपनी चचेरी बहन, जोसेफिन से अगली सुबह परिवहन में संभावित सहायता के लिए तैयारी के लिए रात मेरे घर पर बिताने को कहा। अस्पताल में भर्ती होने की आशंका के चलते, मैंने कुछ निजी सामान इकट्ठा किया, फिर सुबह सबसे पहले हम उबर से पास के अस्पताल पहुँचे।

सौभाग्य से, प्रतीक्षालय खाली था, और मैं तुरंत अंदर पहुँच गया। आपातकालीन कक्ष में जाना अक्सर अप्रत्याशित हो सकता है, और प्रतीक्षा

समय अंतहीन लग सकता है, खासकर जब वह व्यस्त हो। जल्दी पहुँचना और वहाँ शांति पाना मेरे लिए बहुत बड़ी राहत की बात थी। ट्राइएज नर्स ने मुझे बताया कि मेरी हृदय गति 175 थी और कम नहीं हो रही थी। सामान्यतः आराम करते समय एक वयस्क की हृदय गति 60 से 100 धड़कन प्रति मिनट होती है। यह एक भयावह संकेत था कि कुछ गंभीर गड़बड़ है, फिर भी मैं घबराया नहीं क्योंकि मुझे ऐसा नहीं लग रहा था कि मेरा दिल असामान्य रूप से तेज़ गति से धड़क रहा है।

कई जाँचों के बाद, डॉक्टर ने मुझे एट्रियल फ़िब्रिलेशन (AFib) होने का निदान किया और मुझे ऑन-कॉल कार्डियोलॉजिस्ट के पास भेज दिया। मैं एट्रियल फ़िब्रिलेशन के प्रभावों को लेकर अनिश्चित था, और निमोनिया भी एक चिंता का विषय था, मुझे अपनी स्वास्थ्य स्थिति को समझने में कठिनाई हो रही थी, जिससे मेरे समग्र शारीरिक स्वास्थ्य पर सवाल उठ रहे थे। मैंने डॉक्टर से पूछा कि मैं घर कब जा सकता हूँ और मुझे आश्चर्य हुआ जब उन्होंने मुझे बताया कि घर जाना कोई विकल्प नहीं है।

शुरू में, मैंने सोचा था कि मैं आराम करने के लिए एक-दो रात रुक जाऊँगा, क्योंकि मैं तीन रातों से सोया नहीं था और थका हुआ और बेचैन महसूस कर रहा था। लेकिन, मुझे पीठ दर्द हो रहा था और नींद भी नहीं आ रही थी, मुझे एहसास ही नहीं था कि मेरे फेफड़ों में तरल पदार्थ जमा है। मुझे उम्मीद थी कि इलाज होगा और मुझे ठीक होने में मदद के लिए दवाइयाँ देकर घर भेज दिया जाएगा, लेकिन ऐसा होना संभव नहीं था।

इलेक्ट्रोकार्डियोग्राम और इकोकार्डियोग्राम का उपयोग करके मेरे हृदय की कार्यप्रणाली का व्यापक मूल्यांकन करने के बाद, हृदय रोग विशेषज्ञ ने गंभीर माइट्रल वाल्व स्टेनोसिस का निदान किया और तत्काल शल्य चिकित्सा की सलाह दी। मुझे दो अस्पतालों में, मुख्यतः आईसीयू में, पूरे एक महीने तक भर्ती रहना पड़ा। अधिकांश लोगों की तरह, मैंने भी पहले दिल टूटने का अनुभव किया था, लेकिन मैंने कभी नहीं सोचा था कि मेरा दिल *सचमुच* टूट जाएगा। अस्पताल में भर्ती होने और आसन्न हृदय शल्य चिकित्सा की संभावना बहुत ही असहनीय थी, और मैं इसके संभावित परिणामों को स्वीकार करने के लिए संघर्ष कर रहा था। क्या मैं ठीक हो

पाऊँगा? मेरी संवेदनाएँ फिलीपींस में मेरे परिवार के लिए थीं, जो निस्संदेह मेरी स्थिति को लेकर चिंतित थे, फिर भी दूरी के कारण मेरे साथ नहीं रह पा रहे थे।

मैं बहुत ज़्यादा भावनात्मक तनाव से गुज़र रहा था। रोना ही मेरा सुकून था। और ढेर सारी प्रार्थनाएँ भी। मैं इतना दर्द में था कि मरने को तैयार था और जीने से डर रहा था। मुझे नहीं पता था कि हार्ट सर्जरी के बाद ज़िंदगी कैसी होगी क्योंकि मैं अकेला रहता था और आस-पास कोई परिवार भी नहीं था। मैं कैसे ज़िंदा रहूँगा? मुझे काम न कर पाने का भी डर था। मैं डर से इतना घिरा हुआ था कि मैं भूल ही गया था कि कैसे ईश्वर ने मुझे ज़िंदगी के कई मोड़ों से गुज़ारा है।

हालाँकि मुझे याद नहीं कि बचपन में मैं कभी बीमार पड़ा था, लेकिन अस्पताल के हृदय रोग विशेषज्ञ, डॉ. अर्नस्ट वॉन श्वाट्ज़ें ने मुझे बताया कि हो सकता है कि बचपन में मुझे रूमेटिक फीवर हुआ हो, लेकिन मुझे इसकी जानकारी नहीं थी। उपनगरीय फिलीपींस में पले-बढ़े होने के कारण, मुझे याद है कि वहाँ चिकित्सा सुविधाओं का अभाव था। मेरी माँ, जो एक स्वास्थ्य सेवा पेशेवर हैं, शायद मेरे रूमेटिक फीवर के निदान से अनजान थीं। जहाँ मैं पला-बढ़ा, वहाँ हमारे पास ज़्यादा चिकित्सा विकल्प नहीं थे। जब किसी बच्चे को बुखार होता, तो माता-पिता उसे दुकान से बिना डॉक्टर के पर्चे के मिलने वाली दर्द निवारक दवाएँ दे देते, और बच्चा बेहतर महसूस करता, और उसे इस बात की बिल्कुल भी उम्मीद नहीं होती कि बीमारी का कोई स्थायी असर होगा।

गंभीर माइट्रल वाल्व स्टेनोसिस, बाएँ आलिंद से बाएँ निलय तक संकुचित वाल्व द्वार से रक्त प्रवाह में कमी का कारण बनता है। यह फेफड़ों में द्रव संचय और रक्त में ऑक्सीजन के निम्न स्तर के साथ हृदय गति रुकने का कारण बन सकता है। रूमेटिक बुखार के अलावा, माइट्रल वाल्व स्टेनोसिस स्ट्रेप थ्रोट की जटिलताओं के कारण भी हो सकता है। डॉ. श्वाट्ज़ें ने यह भी बताया कि मैं भाग्यशाली था कि मैं समय पर अस्पताल पहुँच गया, क्योंकि मेरी बढ़ी हुई हृदय गति के कारण बेहोशी और संभावित रूप से घातक परिणाम हो सकते थे।

अकेले रहने वाले एक अकेले व्यक्ति के रूप में, मुझे किसी के बिना मरने की चिंता सता रही है। डॉ. अर्नस्ट वॉन श्वाट्ज़ संयुक्त राज्य अमेरिका में स्थित, विश्व-प्रसिद्ध, ट्रिपल बोर्ड-प्रमाणित क्लिनिकल और अकादमिक हृदय रोग विशेषज्ञ और यूसीएलए और यूसी रिवरसाइड में चिकित्सा के क्लिनिकल प्रोफेसर हैं। वे सीडर-सिनाई मेडिकल सेंटर और यूसीएलए में कार्डियक डिवाइस प्रोग्राम के निदेशक के रूप में शामिल हुए।

मेरे स्वास्थ्य लाभ के दौरान, डॉ. श्वाट्ज़ ने महत्वपूर्ण भूमिका निभाई है। उन्होंने दक्षिणी कैलिफ़ोर्निया अस्पताल से सीडर-सिनाई अस्पताल में मेरे स्थानांतरण की व्यवस्था की, जहाँ मेरी हृदय शल्य चिकित्सा हुई। इसके बाद, डॉ. श्वाट्ज़ मेरे प्राथमिक हृदय रोग विशेषज्ञ बन गए और सात वर्षों से अधिक समय तक मेरी देखभाल की। स्वास्थ्य बीमा पॉलिसी बदलने से पहले, मैंने उनसे अपनी देखभाल पर पड़ने वाले प्रभाव पर चर्चा करने के लिए मुलाकात की, क्योंकि वे मेरे नए प्रदाता से संबद्ध नहीं थे। हालाँकि, उन्होंने मुझे आश्वस्त किया कि कैसर परमानेंट मुझे उत्कृष्ट देखभाल प्रदान करेगा। मैं डॉ. श्वाट्ज़ के अटूट समर्पण, अपने रोगियों के प्रति प्रतिबद्धता और अपने पेशे के प्रति सच्चे उत्साह के लिए अत्यंत आभारी हूँ।

दक्षिणी कैलिफ़ोर्निया अस्पताल में कुछ समय बिताने के बाद, मुझे हृदय शल्य चिकित्सा के लिए सीडर-सिनाई अस्पताल में स्थानांतरित कर दिया गया। दक्षिणी कैलिफ़ोर्निया अस्पताल में मेरे अनुभव को एक रात्रिकालीन नर्स ने यादगार बना दिया, जिसने करुणा, चिकित्सा विशेषज्ञता और कलात्मक प्रतिभा का अद्‌भुत मिश्रण प्रदर्शित किया। वह प्रार्थना करती और मुझे सुलाने के लिए भजन गाती, जिससे एक गायिका और संगीतकार के रूप में उसकी कुशलता का प्रदर्शन होता। उसकी देखभाल दयालुता और समर्पण की शक्ति का प्रमाण थी।

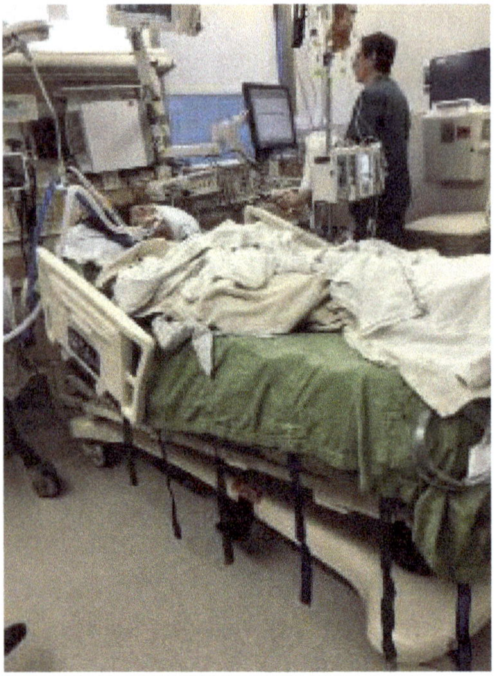

यह तस्वीर मेरे हृदय की सर्जरी के ठीक बाद आईसीयू में ली गई थी।

अध्याय 4:
हृदय योद्धा बनना

कार्डियोलॉजी और कार्डियक सर्जरी में सीडर-सिनाई की असाधारण प्रतिष्ठा के कारण मुझे हृदय शल्य चिकित्सा के लिए स्थानांतरित कर दिया गया, जिससे देश में सर्वश्रेष्ठ में से एक के रूप में उनकी स्थिति और मज़बूत हो गई। हृदय शल्य चिकित्सा से पहले, मैं इस बात को लेकर चिंतित था कि ऑपरेशन के बाद मैं अपना जीवन कैसे जीऊँगा। यह सब इतना जटिल था कि मैं अपने जीवन को प्रबंधित करने का सबसे प्रभावी तरीका खोजने के लिए संघर्ष कर रहा था।

मेरी हृदय शल्य चिकित्सा सात घंटे से ज़्यादा चली। जब मुझे होश आया, तब भी मुझे इंट्यूबेट किया गया था, लेकिन मेरे साथ मौजूद दोस्तों ने मुझे भावनात्मक सहारा दिया और मुझे आश्वस्त किया कि मेरी शल्य चिकित्सा सफल रही। मेरी चचेरी बहन, जोसेफिन, सबसे अच्छी दोस्त, एवलिन, और मेरे नियोक्ता, माइक और लियाना, यह सुनिश्चित करने के लिए मौजूद थे कि जब मैं होश में आऊँ तो मैं अकेली न रहूँ। माइक और लियाना अपने व्यस्त कार्यक्रम से एक दिन की छुट्टी लेकर मेरी शल्य चिकित्सा के दौरान अस्पताल में मौजूद रहे, ताकि अगर सर्जन को मेरे बारे में जानकारी की ज़रूरत पड़े तो वे ऐसा कर सकें। मैं भाग्यशाली हूँ कि मेरे सबसे कठिन समय में मुझे परिवार और दोस्तों का एक सहयोगी नेटवर्क मिला।

एनेस्थीसिया खत्म होने के बाद, मुझे बहुत तेज़ दर्द हो रहा था, और चूँकि मुझे ट्यूब लगाई गई थी, इसलिए मैं अपनी नर्स से मौखिक रूप से बात नहीं कर पा रही थी। अपनी ज़रूरतों को बताने के लिए, मैंने नोट्स लिखने की कोशिश की, लेकिन मेरी बाँहों को बिस्तर से बाँधे हुए बेल्ट की वजह से मेरी लिखावट लगभग अस्पष्ट थी। ये बेल्ट मेरे मुँह से ट्यूब को अनजाने में निकलने से रोकने के लिए लगाई गई थीं। दर्द असहनीय था, और चौबीस घंटे से ज़्यादा समय बाद, जब मेरे गले से ट्यूब निकाली गई, तब मैं आखिरकार अपनी नर्स को बता पाई कि मुझे बहुत ज़्यादा दर्द हो रहा है।

दुर्भाग्य से, मुझे कुछ जटिलताएँ हुईं। डॉक्टरों को लगा कि मेरे हृदय में रक्तस्राव हो रहा है, और अगर ऐसा हुआ, तो उन्हें एक और थोरैकोटॉमी करनी पड़ेगी। मैं टूट गया क्योंकि अड़तालीस घंटे से भी कम समय में एक और ओपन-हार्ट सर्जरी करवाने का विचार असहनीय था। मैंने अपने चचेरे भाई, पाई से कहा , मैं अब इतना दर्द नहीं सह सकता। सच कहूँ तो, इतने सालों बाद उस अनुभव का विचार आज भी मुझे सताता है, और जब भी मैं उसके बारे में सोचता हूँ, मेरी आँखों में आँसू आ जाते हैं।

कुछ जाँचों और एमआरआई के बाद, मेडिकल टीम को पता चला कि मेरे फेफड़ों में पानी है। यही दर्द का कारण था! शुक्र है कि मुझे दूसरी सर्जरी नहीं करवानी पड़ी, लेकिन उन्हें मेरे फेफड़ों से पानी निकालना पड़ा। प्रक्रिया के दौरान, मुझे लेटरल डीक्यूबिटस पोज़िशन में लिटाया गया और एक बड़ा इंजेक्शन लगाया गया, जिसे मैं अपनी रीढ़ की हड्डी में महसूस कर सकता था। अपनी बढ़ती चिंता के बावजूद, मैं हिम्मत और उम्मीद से भरा रहा।

मुझे अपनी नर्स की प्यारी यादें हैं, जिन्होंने उस चुनौतीपूर्ण प्रक्रिया के दौरान मुझे आराम पहुँचाने के लिए हर संभव प्रयास किया। उन्होंने निस्वार्थ भाव से अपना लंच ब्रेक मेरे साथ बिताया, और समर्पण और करुणा का ऐसा स्तर दिखाया जो मैंने शायद ही कभी देखा हो। हालाँकि मुझे उनका नाम याद नहीं, लेकिन उन्होंने जो दयालुता और सहानुभूति दिखाई, उसने मेरे जीवन पर एक अमिट छाप छोड़ी है, और मुझे याद दिलाती है कि स्वास्थ्य सेवा पेशेवर अपने मरीज़ों के जीवन में कितना बड़ा बदलाव ला सकते हैं। उन्होंने मेरे साथ रहकर और मुझे अपना हाथ थामकर, मुझे दिलासा देकर भावनात्मक सहारा दिया।

इस प्रक्रिया ने मेरी ताकत का प्रदर्शन किया क्योंकि मैं काफ़ी दर्द सहते हुए भी पूरी तरह से जागी रही और दृढ़ संकल्प के आँसू बहाती रही। फिर भी, तरल पदार्थ निकलने के तुरंत बाद दर्द कम हो गया, और मुझे एक उपलब्धि का एहसास हुआ। अस्पताल में बिताया गया समय ऐसा लगा जैसे कभी न खत्म होने वाली लड़ाइयों से भरा हो, लेकिन मुझे यह भी एहसास हुआ कि सामान्य रूप से साँस लेना कितना अच्छा लगता है। शुरू से ही, मुझे

लगता था कि मेरी साँस लेना सामान्य है, कम से कम एक अस्थमा रोगी के लिए तो, और मुझे लगा कि मैं सामान्य ही हूँ।

मेरी रिकवरी आसान नहीं थी। अगले दिन न उठ पाने का डर, दर्द और PTSD कोई मज़ाक नहीं था। एक महीने में, मेरा वज़न *38 पाउंड कम हो गया*! मैं पूरी तरह टूट चुकी थी। मैं छोटी-छोटी बातों पर रोती थी, कुछ चीज़ें भूल जाती थी, और कई बार तो नाम भी याद नहीं रहते थे, यहाँ तक कि उस व्यक्ति के भी जिन्हें मैं बरसों से जानती थी। लेकिन जैसे-जैसे दिन बीतते गए, मैं ठीक होने लगी। यह आश्चर्यजनक है कि शरीर कैसे ठीक होता है। निशान मिट जाते हैं, भूख फिर से लग जाती है, घटा हुआ वज़न वापस आ जाता है, और दिमागी कोहरा धीरे-धीरे कम होता जाता है। यह सफ़र आसान नहीं था, लेकिन मेरी मेडिकल टीम, दोस्तों, परिवार, प्रार्थनाओं और ईश्वर की मदद से मेरी हालत में सुधार हुआ।

एक सक्रिय और स्वस्थ जीवनशैली बनाए रखना हमेशा से मेरी प्राथमिकता रही है, और मेरा मानना है कि इसने मेरे स्वस्थ होने और अपनी ताकत वापस पाने में अहम भूमिका निभाई है। भजन संहिता 34:18 (NASB) पर विचार करते हुए, " *प्रभु टूटे मनवालों के निकट रहता है और पिसे हुए मनवालों का उद्धार करता है*" , मुझे आशा से भर देता है, यह जानकर कि परमेश्वर हमेशा मेरे निकट है, मेरे संघर्षों, दर्द और कमज़ोरियों को समझता है, और ज़रूरत के समय कृपापूर्वक सांत्वना और शांति प्रदान करता है।

एक यांत्रिक हृदय वाल्व (जिसे सेंट जूड हृदय वाल्व कहा जाता है) होने से मुझे मानसिक शांति मिलती है क्योंकि यह जीवन भर चलने वाला माना जाता है। सर्जरी से पहले मुझे किसी ने एक बात नहीं बताई थी कि मुझे जीवन भर रक्त पतला करने वाली दवाएँ लेनी होंगी। कौमाडिन लेने के मेरे शुरुआती कुछ हफ़्ते आसान नहीं थे। मुझे अपनी खुराक, कौन से खाद्य पदार्थ खाने चाहिए और किन चीज़ों को सीमित करना चाहिए, यह तय करने में हफ़्तों लग गए। रक्त पतला करने वाली दवाएँ लेने का मतलब यह भी था कि मुझे अपनी शारीरिक गतिविधियाँ सीमित करनी पड़ीं क्योंकि इनसे मुझे रक्तस्राव होने का खतरा रहता था।

कौमाडिन लेने के बाद से मेरे खान-पान का तरीका बदल गया है, खासकर जब बात मेरे पसंदीदा खाद्य पदार्थों में से एक, हरी सलाद की आती है। चूँकि कौमाडिन रक्त के थक्के जमने को प्रभावित करता है, इसलिए मुझे अपने विटामिन K के सेवन पर कड़ी नज़र रखनी पड़ती है क्योंकि यह दवा के असर में अहम भूमिका निभाता है। दुर्भाग्य से, कई पत्तेदार सब्ज़ियाँ, जैसे पालक, अरुगुला और केल, जिनका मैं पहले आनंद लेता था, उनमें विटामिन K की मात्रा बहुत ज़्यादा होती है और मुझे इन्हें अपने आहार से या तो सीमित मात्रा में या पूरी तरह से हटा देना पड़ता है। सलाद पूरी तरह छोड़ने के बजाय, मैंने अपने विटामिन K के स्तर को स्थिर रखते हुए, सलाद का आनंद लेने के रचनात्मक तरीके खोजे। मैं कम विटामिन K वाली सब्ज़ियों पर ध्यान केंद्रित करता हूँ—जैसे कुरकुरा आइसबर्ग लेट्यूस, मीठे चुकंदर और कुरकुरे गाजर—और अन्य विकल्पों पर भी। ये सामग्रियाँ मुझे अपनी दवा के प्रभाव को कम किए बिना, अपने पसंदीदा ताज़ा और चटपटे सलाद को बनाए रखने में मदद करती हैं।

इस आहार प्रतिबंध का प्रबंधन करना हमेशा आसान नहीं रहा है, लेकिन इसने मुझे सिखाया है कि मैं क्या खाऊं, इसके प्रति अधिक सचेत रहूं और नए स्वादों और बनावटों का पता लगाऊं।

कौमाडिन लेते समय अपने स्वास्थ्य का ध्यान रखना मेरे दैनिक जीवन का एक महत्वपूर्ण हिस्सा रहा है। सबसे बड़ी चुनौतियों में से एक है नियमित रूप से अपने INR (अंतर्राष्ट्रीय सामान्यीकृत अनुपात) स्तर की जाँच करना ताकि यह सुनिश्चित हो सके कि मेरा रक्त 2.5-3.5 की सुरक्षित सीमा के भीतर रहे। शुरुआत में, कौमाडिन क्लिनिक के बार-बार चक्कर लगाना एक अतिरिक्त बोझ जैसा लगता था—समय और लागत दोनों के लिहाज से। यह प्रक्रिया ज़रूरी थी, लेकिन इसके लिए सावधानीपूर्वक योजना और प्रतिबद्धता की आवश्यकता थी।

चीज़ों को और आसान बनाने के लिए, मैंने घर पर INR मॉनिटरिंग का विकल्प चुना। घर पर ही अपने स्तर की जाँच करने की सुविधा मेरे लिए बहुत सुविधाजनक रही है, जिससे मुझे क्लिनिक के चक्कर लगाए बिना ही अपने स्वास्थ्य पर नज़र रखने में मदद मिली है। हालाँकि, मुझे अभी भी

अपनी रीडिंग की सटीकता की पुष्टि के लिए कभी-कभी लैब जाना पड़ता है। शुक्र है कि मेरा होम मॉनिटर विश्वसनीय साबित हुआ है, जिससे मुझे मन की शांति मिलती है, क्योंकि मुझे पता है कि मैं अपने दैनिक जीवन को प्रभावित किए बिना नियमित रूप से अपने INR स्तरों की निगरानी कर सकता हूँ।

मेरी हृदय शल्य चिकित्सा एक सफल उपलब्धि थी! मेरे सर्जन, डॉ. डैनी रैम्ज़ी और सीडर-सिनाई हार्ट इंस्टीट्यूट की उनकी चिकित्सा टीम को बधाई। मेरे सीने में हर दिन सुनाई देने वाली टिक-टिक की आवाज़ अनमोल है। डॉ. रैम्ज़ी आज उपलब्ध सभी प्रकार की न्यूनतम इनवेसिव और रोबोटिक हृदय शल्य चिकित्सा पद्धतियों के कार्यान्वयन में विश्व स्तर पर मान्यता प्राप्त अग्रणी हैं। डॉ. रैम्ज़ी एक अत्यंत कुशल सर्जन साबित हुए, उन्होंने मेरी हृदय स्थिति और मेरी उम्र के हिसाब से रोबोटिक सर्जरी को सर्वोत्तम विकल्प के रूप में सुझाने के पीछे के तर्क को सहानुभूतिपूर्वक समझाया।

मैं रक्त पतला करने वाली दवाओं की ज़रूरत से आगे बढ़ना चाहता हूँ, जिन्होंने मेरी यात्रा में बाधाएँ खड़ी की हैं। क्या कौमाडिन के बिना भविष्य लाभदायक हो सकता है? अगर मैकेनिकल वाल्व और कौमाडिन पर नैदानिक परीक्षण किए जा रहे हैं, तो मैं और अधिक जानने और संभवतः अध्ययन में भाग लेने में रुचि रखता हूँ।

मेरे ठीक होने की राह में हृदय रोग से पीड़ित लोगों, उनके परिवारों और देखभाल करने वालों जैसी ही कठिनाइयाँ आईं। एक महीने तक अस्पताल में रहने के बाद, मुझे डर और आशंकाओं से घिरे घर भेज दिया गया।

मैं रोज़मर्रा की ज़िंदगी के कई पहलुओं को लेकर चिंतित थी, जैसे दवा लेना, खाना-पीना, अपने आस-पड़ोस में घूमना-फिरना और बस एक सामान्य ज़िंदगी जीना। हृदय शल्य चिकित्सा के बाद अकेले रहना डराने वाला हो सकता है। फिर भी, मुझे दृढ़ रहना था और अपनी परिस्थितियों के बारे में ज़्यादा चिंता करने से बचना था। मैंने खुद को याद दिलाया कि मैं सबसे चुनौतीपूर्ण दौर से पहले ही पार पा चुकी हूँ और बाकी बाधाओं को

पार करने के लिए मुझे मज़बूत और धैर्यवान बने रहने की ज़रूरत है। मैं भाग्यशाली हूँ कि मुझे अपने चचेरे भाइयों का साथ मिला।

पाई ने अपना अवकाश का दिन मेरे विभिन्न कार्यों में, विशेष रूप से मेरी दवाओं को व्यवस्थित करने में, मेरी मदद करने में बिताया। वह एक फार्मासिस्ट और एक मेडिकल डॉक्टर हैं, और मैं अपने जीवन में उनकी उपस्थिति के लिए आभारी हूँ। उनके मार्गदर्शन के बिना अपनी परिस्थितियों को संभालना मेरे लिए चुनौतीपूर्ण है। मुझे अपनी दवाओं को प्रबंधित करने में कई तरह की चुनौतियों का सामना करना पड़ा, जिससे मुझे संभावित त्रुटियों की चिंता होने लगी। उन्हें ट्रैक करने की जटिलता बहुत अधिक थी।

पाई का आभारी हूँ , जिन्होंने मेरी ज़रूरतों को पूरा करने में अहम भूमिका निभाई है, नहाने और घाव की देखभाल में अमूल्य सहायता प्रदान की है, और सबसे महत्वपूर्ण बात, चिकित्सा संबंधी जानकारी देकर मेरी स्थिति को समझने में मेरी मदद की है। उनके बिना, मुझे नहीं लगता कि मैं इस स्थिति से प्रभावी ढंग से निपट पाता। उनके सहयोग ने मेरे सफल स्वास्थ्य लाभ में महत्वपूर्ण भूमिका निभाई।

जहाँ तक मेरी दूसरी चचेरी बहन, जोसेफिन (या जैसा कि मैं उसे एटे जो कहती हूँ) की बात है, वह बहुत मददगार थी, छुट्टियों में मेरे कई कामों में, किराने की खरीदारी में, और मेरे लिए खाना बनाने में मेरी मदद करती थी। उनकी दयालुता और उदारता ने मेरे स्वास्थ्य लाभ के दौरान बहुत बड़ा बदलाव लाया, और मुझे एक मज़बूत सपोर्ट सिस्टम के महत्व की याद दिलाई।

अस्पताल में भर्ती होने के दो सप्ताह बाद, मैंने अपनी सामान्य गतिविधियों को फिर से शुरू करने की कोशिश की, जिसमें खाना बनाना और अपनी सामान्य जिम्मेदारियों का प्रबंधन करना शामिल था, क्योंकि मैं अपने चचेरे भाइयों की सहायता पर लगातार भरोसा करने में असमर्थ था, क्योंकि उनकी अपनी जिम्मेदारियां और दायित्व थे।

मुझे अच्छी तरह याद है कि मैंने ज़मीन पर कुछ गिराया था और उसे उठाया भी था, लेकिन मैं उठ नहीं पा रही थी और मुझे खड़े होने के लिए कुछ लेने के लिए सोफ़े के पास रेंगना पड़ा। मैं अकेलेपन और बेबसी के गहरे

एहसास से घिर गई थी। जैसा कि आप कल्पना कर सकते हैं, मैं ज़मीन पर गिरकर फूट-फूट कर रोने लगी, सांत्वना ढूँढ़ रही थी, साथ ही उस स्थिति से और भी ज़्यादा निराश होती जा रही थी, जो मुझे असहनीय लग रही थी, और मैं इसे लेकर ज़रूरत से ज़्यादा नाटक कर रही थी। मुझे चिंता थी कि मेरी छाती पर दबाव डालने से मेरे चीरे से खून बह सकता है। फिर भी, पीछे मुड़कर देखने पर, मुझे शांति का महत्व समझ आता है। मेरे संघर्ष अंततः सार्थक रहे।

एक अपार्टमेंट कॉम्प्लेक्स में रहना मेरे लिए फ़ायदेमंद साबित हुआ है क्योंकि मेरी पड़ोसी, एली, जो बेहद दयालु हैं, ने मुझे काफ़ी मदद और सहारा दिया है। कुछ रातों में उन्हें मेरी परेशानी का अंदाज़ा होता था, जैसा कि ज़रूरत पड़ने पर अपना फ़ोन पास रखने की उनकी सोची-समझी मुद्रा से ज़ाहिर होता है। कई बार ऐसा भी हुआ जब मैं रातों में जागती रही, क्योंकि मेरे सर्जन ने मेरी दर्द निवारक दवा बंद करने का फ़ैसला किया था, जो असरदार तो थी, लेकिन लत लगने का कारण भी थी। एक रात, मैंने खुद को भावनाओं से घिरा पाया, सिर्फ़ दर्द के कारण ही नहीं, बल्कि नींद की कमी और वापसी के लक्षणों की हताशा के कारण भी।

अपने सबसे कठिन क्षणों में, मैंने प्रार्थना की ओर रुख किया और अपने संघर्षों को प्रभु के सामने समर्पित कर दिया। तभी मुझे प्रभु के साथ एक शक्तिशाली मुलाकात का अनुभव हुआ, मुझे लगा कि कोई मेरी उपस्थिति के सामने बैठा है, मुझे सांत्वना और समझ दे रहा है। उन्होंने मेरे दर्द को साझा किया, मुझे क्रूस पर अपने बलिदान और पीड़ा की याद दिलाई और मेरे दुख को एक नया दृष्टिकोण दिया। तभी मुझे समझ आया कि दो हज़ार साल पहले मेरे पाप के कारण कलवारी में क्रूस पर यीशु मसीह द्वारा सहे गए कष्टों की तुलना में मेरा दर्द नगण्य था।

दो महीने की रिकवरी अवधि के बाद, मुझे काफ़ी सुधार महसूस हुआ। मैं काम पर वापस लौट पाया और अपनी पसंदीदा गतिविधियाँ फिर से शुरू कर पाया।

हृदय शल्य चिकित्सा के बाद, मैंने एक गतिशील और स्वस्थ जीवनशैली अपनाई, जिसमें जिम में नियमित कसरत, सप्ताहांत में लंबी

पैदल यात्रा और समुद्र तट पर तरोताज़ा करने वाली सैर शामिल थी। मुझे पौष्टिक भोजन पकाने में आनंद आता था और स्वस्थ आदतें अपनाईं जिनसे मेरा स्वास्थ्य बेहतर हुआ। जैसे-जैसे मैं ठीक हो रहा था, मुझे एहसास हुआ कि इंट्यूबेशन के कारण मेरे स्वरयंत्र प्रभावित हुए हैं, फिर भी मैं आशान्वित रहा और अपने स्वास्थ्य लाभ पर ध्यान केंद्रित किया। यह विशेष रूप से निराशाजनक था क्योंकि गायन के प्रति मेरे जुनून पर गहरा असर पड़ा था। दुर्भाग्य से, अब मैं ऊँचे स्वर नहीं गा पाता। वास्तव में, गायन बेहद चुनौतीपूर्ण हो गया है, फिर भी मुझे उम्मीद है कि एक दिन मैं फिर से गा पाऊँगा।

अध्याय 5
ईश्वर की कृपा की खोज

हृदय शल्य चिकित्सा से पहले, प्रभु के साथ मेरा रिश्ता बहुत दूर था। मैं सही रास्ते से भटक गया था, अपनी शर्तों पर ज़िंदगी जी रहा था, जब तक कि बीमारी ने मुझे दोबारा सोचने पर मजबूर नहीं कर दिया। मुझे अच्छी तरह याद है कि जिस क्षण मेरे हृदय रोग विशेषज्ञ ने मुझे बताया कि मुझे तुरंत शल्य चिकित्सा की ज़रूरत है, मुझे सहज ही एहसास हो गया कि मुझे एक पादरी के मार्गदर्शन और प्रार्थना की ज़रूरत है। उस क्षण, मुझे आध्यात्मिक जागृति का एहसास हुआ; मुझे यकीन नहीं था कि मेरा विश्वास मुझे बचा पाएगा।

मैं ज़रूरत पड़ने पर कभी-कभार पास के एक चर्च में जाता था, लेकिन कभी रिश्ते बनाने या चर्च की गतिविधियों में हिस्सा लेने की कोशिश नहीं की। यह मेरे लिए प्राथमिकता नहीं थी। फिर भी, जब मुझे पादरी की देखभाल की ज़रूरत होती थी और मैं प्रार्थना के लिए चर्च से संपर्क करना चाहता था, तो मुझे संपर्क करने का कोई उचित तरीका ढूँढ़ने में दिक्कत होती थी, क्योंकि पादरी और कलीसिया मुझसे उतने ही अनजान थे जितने मैं उनसे।

मैंने सांत्वना पाने के लिए सोशल मीडिया का सहारा लिया, दुनिया भर के दोस्तों और परिवार के सदस्यों से जुड़कर प्रार्थना और सहयोग की गुहार लगाई। सभी लोग सांत्वना और प्रार्थनाएँ दे रहे थे। मैं उन सभी का तहे दिल से आभारी हूँ जो उस मुश्किल घड़ी में लगातार मेरे साथ थे। मुझे अच्छी तरह याद है कि मैं उस स्थिति को लेकर आशंकित होकर बहुत देर तक रोती रही थी। सीडर-सिनाई में मेरे चिकित्सकों ने मुझे अवसाद से जूझने का संदेह होने पर एक मनोचिकित्सकीय जाँच कराने की सलाह दी थी। एक मनोचिकित्सक से परामर्श के बाद, मुझे अवसादरोधी दवा दी गई, जिसे मैंने नहीं लेने का फैसला किया। मैं अपनी परिस्थितियों से पूरी तरह वाकिफ थी, और रोना मेरे लिए सांत्वना और प्रार्थना का एक ज़रिया बन गया।

मैंने खुद से वादा किया था कि एक बार जब मैं ठीक हो जाऊँगी, तो मैं एक ऐसा चर्च समुदाय ढूँढूँगी जिससे मैं जुड़ सकूँ। मुझे नहीं लगता कि आध्यात्मिक रूप से दृढ़ हुए बिना मैं किसी और चुनौतीपूर्ण परिस्थिति का सामना कर पाऊँगी। ठीक होने के बाद, मैंने चर्च की सेवाओं में जाना शुरू किया और पासाडेना, कैलिफ़ोर्निया स्थित हार्वेस्ट रॉक चर्च मेरी नई उपासना स्थल बन गया। किसी अलग जगह पर नियमित रूप से रविवार की सेवाओं और मध्याह्न प्रार्थना सभाओं में जाने से मुझे अपार आनंद और अपनेपन का गहरा एहसास हुआ। चर्च में, आस्थावान समुदाय से घिरे होने से मुझे शांति और खुशी का एहसास हुआ।

साथ मिलकर आराधना करना, स्तुति में अपनी आवाज़ बुलंद करना, और संगीत व संदेश में ईश्वर की उपस्थिति का अनुभव करना वाकई एक ख़ास अनुभव है। हर रविवार, मैं उन आराधना गीतों का बेसब्री से इंतज़ार करता था जो मेरे दिल को झकझोर देते थे और उपदेश जो प्रोत्साहन और ज्ञान प्रदान करते थे। मेरे लिए सबसे सार्थक पलों में से एक वह था जब प्राचीन मेरे लिए प्रार्थना करते थे। उनके विश्वास और आशीर्वाद भरे शब्दों ने मुझे सांत्वना और शक्ति प्रदान की। उन लोगों का समर्थन महसूस करना एक शक्तिशाली अनुभव था जो मुझसे पहले वफ़ादारी से चले और प्रार्थना में मुझे ऊपर उठाया। आराधना और संदेश के अलावा, मुझे नए दोस्तों से मिलने का अवसर भी बहुत अच्छा लगा। समान विश्वास और मूल्यों वाले लोगों से जुड़ने और रविवार की प्रार्थनाओं से आगे तक फैले बंधन बनाने में एक अनोखा आनंद है।

हार्वेस्ट रॉक चर्च समुदाय का हिस्सा होना एक सच्चा आशीर्वाद था, और मैं संगति में बिताए हर पल के लिए आभारी हूँ। हालाँकि, लंबी यात्रा और सीमित पार्किंग विकल्पों ने बड़ी चुनौतियाँ पेश कीं, इसलिए मैंने एक नए चर्च के लिए ईश्वरीय मार्गदर्शन लिया। लॉस एंजिल्स में यातायात बेहद निराशाजनक है, और शहर की लगभग चार मिलियन की बड़ी आबादी कुशल यात्रा को कठिन बना देती है।

एक रविवार, मैं अपने पड़ोस में स्थित कोर चर्च, लॉस एंजिल्स गया। कोर चर्च की स्थापना के बाद से मैं कभी-कभार वहाँ जाता रहा था, लेकिन

मैंने पूरी तरह से समर्पण नहीं किया था क्योंकि मैं सक्रिय भागीदारी के लिए अपनी तैयारी को लेकर अनिश्चित था। कुछ हफ़्तों तक वहाँ जाने के बाद, मैंने प्रभु से मार्गदर्शन और पुष्टि के लिए प्रार्थना की कि क्या यह वही जगह है जो उन्होंने मेरे लिए चुनी थी। वास्तव में, प्रभु ने एक गहन और दिव्य तरीके से उत्तर दिया, और उसी क्षण से, कोर चर्च, लॉस एंजिल्स मेरा आध्यात्मिक घर और आनंद का आश्रय बन गया।

इस आस्था समुदाय के एक अभिन्न अंग के रूप में, मैंने सार्थक मित्रताएँ विकसित की हैं और प्रभु के साथ अपने रिश्ते को गहरा किया है। इसके बाद, मैं हमारे चर्च समुदाय में और अधिक सक्रिय हो गया, जिससे मुझे मसीह की देह के एक सदस्य के रूप में अपने उद्देश्य को पूरा करने का अवसर मिला। मेरा दृढ़ विश्वास है कि ईश्वर ने हमें इस जीवन में एक उच्चतर उद्देश्य की पूर्ति के लिए बुलाया है।

और हम जानते हैं कि जो लोग परमेश्वर से प्रेम रखते हैं, उनके लिये सब बातें मिलकर भलाई ही को उत्पन्न करती हैं; अर्थात उन्हीं के लिये जो उसकी इच्छा के अनुसार बुलाए हुए हैं। रोमियों 8:28

हम अक्सर अपने जीवन के उद्देश्य पर विचार करते हैं। ईश्वर हमारे जीवन की हर घटना, यहाँ तक कि कठिनाइयों का भी, का संचालन करता है। हृदय शल्य चिकित्सा के बाद, मुझे एहसास हुआ कि इस धरती पर मेरा समय अभी पूरा नहीं हुआ है। मैं अपनी मृत्यु का सामना कर सकता था, लेकिन मैं अभी भी साँस ले रहा था, जी रहा था, और प्रभु, अपने प्रियजनों और अपने चर्च परिवार के साथ अपने नए जीवन का आनंद ले रहा था।

जीवन में एक और मौका मिलना एक सच्चा आशीर्वाद था और है। हृदय शल्य चिकित्सा से पहले के अपने जीवन की यादें मेरे दिल में बसी हैं, और इस नए सफ़र में, मुझे हृदय रोग से जूझ रहे पुरुषों और महिलाओं की एक बड़ी संख्या का एहसास हुआ है। मैंने पाया कि मेरे जैसे और भी लोग हैं; मैं अकेला नहीं था। कई सर्वाइवर अपने जैसे सर्वाइवर्स से जुड़ने की कोशिश करते हैं, इसी वजह से मुझे सोशल मीडिया और व्यक्तिगत रूप से सहायता समूह मिले, जहाँ मैंने कुछ समय के लिए भाग लिया।

हृदय रोग दुनिया भर में मृत्यु का एक प्रमुख कारण है। विश्व स्वास्थ्य संगठन के अनुसार, हृदय संबंधी रोग—जिनमें हृदयाघात, स्ट्रोक और अन्य हृदय संबंधी बीमारियाँ शामिल हैं—हर साल अनुमानित 17.9 मिलियन मौतों के लिए ज़िम्मेदार हैं, जो वैश्विक स्तर पर होने वाली कुल मौतों का लगभग 32 प्रतिशत है। [1]

किसी ऐसे व्यक्ति से मिलना, जिसने ऐसा ही अनुभव किया हो, बेहद फायदेमंद रहा। हमने एक-दूसरे की चुनौतियों और दुखों के प्रति आपसी समझ और सहानुभूति साझा की। सौभाग्य से, जीवनशैली में बदलाव, समय पर पहचान और उचित चिकित्सा देखभाल के ज़रिए कई प्रकार के हृदय रोगों को रोका जा सकता है। स्वस्थ वज़न बनाए रखना, हृदय के लिए स्वस्थ आहार (जैसे भूमध्यसागरीय आहार) का पालन करना, नियमित व्यायाम करना और तनाव को नियंत्रित करना जोखिम को काफी कम कर सकता है।

जैसे ही मैंने अपना काम शुरू किया, मुझे अपने जीवन में सामान्यता के उपहार के लिए गहरी कृतज्ञता का एहसास हुआ। एक प्रमाणित और प्रशिक्षित नवजात शिशु देखभाल विशेषज्ञ के रूप में, मैंने मुख्य रूप से शिशुओं के साथ काम किया और कभी-कभी किसी परिवार के साथ संबंध स्थापित करने के बाद मुझे नानी की भूमिका निभाने के प्रस्ताव भी मिले।

मुझे कई परिवारों के साथ काम करने का सौभाग्य मिला है और मैं उनके सहयोग और दयालुता के लिए तहे दिल से आभारी हूँ। इनमें से कुछ परिवारों में उच्च-स्तरीय लोग शामिल हैं, और मेरे काम का सबसे संतोषजनक पहलू वर्षों से उनके साथ संपर्क बनाए रखना रहा है। ऐसे ही एक परिवार की सेवा करने का मुझे बहुत सौभाग्य मिला क्योंकि वे दयालुता और उदारता से भरपूर थे। उनकी बेटी मेरे जीवन का अभिन्न अंग बन गई, मुझे ऐसा महसूस हुआ जैसे वह मेरी अपनी हो। हमारा रिश्ता गहरा था, और साथ मिलकर, हमने ऐसी स्थायी यादें बनाई हैं जो मेरे जीवन को प्यार, हँसी और अपनेपन से भर देती हैं।

अपने बच्चों को बढ़ते और फलते-फूलते देखना वाकई संतुष्टिदायक है, और मुझे उनके जीवन में अपनी भूमिका पर बहुत गर्व है। मुझे बच्चे बहुत पसंद हैं! उनकी मासूमियत बेहद अनमोल है। हालाँकि मेरे अपने बच्चे नहीं

हैं, फिर भी मैं उन्हें स्वाभाविक रूप से अपनी ओर खींचती हूँ। मैंने जिन बच्चों के साथ काम किया है, उन्हें मैंने हमेशा अपना ही माना है। समाज में योगदान देने का यह मेरा तरीका है।

अकेले रहना एक चुनौतीपूर्ण, लेकिन परिवर्तनकारी यात्रा हो सकती है, खासकर जब स्वास्थ्य संबंधी समस्याओं से जूझना पड़ रहा हो, लेकिन ज़रूरत के समय ईश्वर की निरंतर उपस्थिति मेरे लिए एक सहारा रही है। यह मेरे हालातों में, चाहे मैं शादीशुदा हूँ या नहीं, मेरी कृतज्ञता को और बढ़ा देता है। लगभग पाँच साल के रिश्ते को खत्म करना मेरे अब तक के सबसे कठिन फैसलों में से एक था। मैं अपने प्रेमी से बेहद प्यार करती थी और जिससे मैंने इतना कुछ साझा किया था, उससे दूर जाना मेरे अपने दिल का एक टुकड़ा चीरने जैसा था, खासकर मेरे दिल के ऑपरेशन के ठीक बाद। लेकिन मुझे पता था कि साथ रहने का मतलब होगा लंबे समय में अपनी खुशी और मूल्यों का त्याग करना।

मुझे एहसास हुआ है कि अपनी ज़रूरतों को समझना और भविष्य के लिए एक नज़रिया रखना कितना ज़रूरी है। जब हमने डेटिंग शुरू की थी, तो मुझे लगता था कि ज़िंदगी में हम जो चाहते हैं, उस बारे में हम एकमत हैं। हम अपने सपनों और लक्ष्यों के बारे में बात करते थे और हालाँकि शुरुआती सालों में शादी का ज़िक्र अक्सर नहीं होता था, फिर भी मुझे कभी शक नहीं हुआ कि हम आगे चलकर शादी करेंगे। किसी रिश्ते में निवेश करने के लिए पाँच साल का समय बहुत लंबा होता है, और कई मायनों में, हम एक-दूसरे से गहराई से जुड़े हुए थे। लेकिन समय के साथ, मुझे एहसास होने लगा कि शादी उसकी दीर्घकालिक योजनाओं में नहीं थी। किसी से प्यार करने का मतलब अपने सपनों से समझौता करना या अपनी ज़रूरतों से कम पर समझौता करना नहीं होना चाहिए।

पीछे मुड़कर देखने पर, मैं अपनी हृदय शल्य चिकित्सा को केवल एक शारीरिक उपचार नहीं, बल्कि एक भावनात्मक जागृति मानती हूँ। इसने मुझे अपनी ताकत और अपनी भलाई को प्राथमिकता देने के महत्व की याद दिलाई, जबकि ब्रेकअप मेरे जीवन के एक महत्वपूर्ण अध्याय का अंत था। इसने एक ऐसे भविष्य का द्वार भी खोल दिया जहाँ मेरे मूल्यों और इच्छाओं

की पूरी तरह से कद्र की जाती है, और मैं अपने जीवन में ईश्वर की इच्छा पर भरोसा कर सकती हूँ। केवल ईश्वर ही जानता है कि हमारे लिए वास्तव में क्या सर्वोत्तम है, और एक आस्तिक होने के नाते, मैंने सीखा कि मुझे केवल यीशु पर ही भरोसा रखना चाहिए। यीशु हमारे हृदय और ज़रूरतों को जानते हैं। मेरा जीवन केवल उन्हीं पर निर्भर है।

अध्याय 6 अमेरिका के जंगली हृदय से होकर - एक अंतहीन यात्रा

राष्ट्रीय उद्यानों की खोज और नए रोमांच का अनुभव करने के अपने जुनून से प्रेरित होकर, मैं अपनी रोज़मर्रा की ज़िंदगी में फिर से नई जान डाल रहा था। पिछले कुछ वर्षों में, मुझे कई उद्यानों में जाने का सौभाग्य मिला है, और आगे भी कई उद्यानों में जाने का मेरा सपना है। मेरी यात्राएँ मेरे विकास के लिए उत्प्रेरक रही हैं, और जीवन के प्रति मेरी जिज्ञासा और उत्साह को बढ़ाती रही हैं।

मार्च 2023 में अपने पचासवें जन्मदिन पर, मैंने इस अवसर को एक खास यात्रा के साथ मनाने का फैसला किया—मेरी प्यारी चर्च मित्र, रेबेका के साथ—जो प्रकृति के अजूबों से भरपूर होगी। रेबेका मेरे साथ कम से कम नौ राष्ट्रीय उद्यानों की यात्रा पर निकलीं। हमने लास वेगास से अपने रोमांचक सफ़र की शुरुआत की, फिर यूटा और एरिज़ोना के मनमोहक नज़ारों से गुज़रते हुए, लास वेगास लौटकर एक स्वादिष्ट डिनर के साथ मेरा जन्मदिन मनाया।

कैन्यनलैंड्स राष्ट्रीय उद्यान और मॉन्यूमेंट वैली का भ्रमण था । उद्यान की विशालता और मनोरम चट्टानी संरचनाओं ने हम दोनों को विस्मित कर दिया। हमने अपना समय विशाल दृश्यों को निहारते हुए बिताया, हर एक दृश्य ऊबड़-खाबड़ इलाके का एक अलग ही नज़ारा पेश करता था। रेगिस्तान का सन्नाटा गहरा था, जिससे वहाँ के नज़ारे और भी पवित्र लग रहे थे। लेकिन एंटेलोप कैन्यन ने सचमुच मेरा दिल जीत लिया।

जैसे-जैसे हम संकरी गलियों में उतरे, घाटी की दीवारों के रंग रोशनी के साथ बदलते गए, जिससे एक स्वप्निल सा माहौल बन गया। गुफा के भीतर जाकर उसकी आंतरिक सुंदरता को देखना एक ऐसा पल था जिसे मैं कभी नहीं भूल पाऊँगा। जिस तरह से ऊपर से सूर्य की रोशनी चट्टानों को रोशन कर रही थी, उससे मनमोहक चित्र बन रहे थे, हर कोण कुछ नया दिखा रहा था। मोड़ों की तरलता, गहरे नारंगी और बैंगनी रंग, और नाचती परछाइयाँ

देखकर मैं अवाक रह गया। खुली सड़क, बदलते परिदृश्य और अनंत आकाश में कुछ ऐसा था जो हमेशा मुझे अपनी ओर खींचता रहा है।

अमेरिका के राष्ट्रीय उद्यानों में मेरी यात्राएँ सिर्फ़ सैर-सपाटे से कहीं बढ़कर रही हैं; ये धरती के कुछ सबसे लुभावने और विस्मयकारी स्थानों की यात्राएँ रही हैं। सेडोना की ऊँची चट्टानों से लेकर ग्रैंड कैन्यन की विशाल भव्यता, ग्रैंड टेटन की ऊबड़-खाबड़ चोटियों और ब्राइस कैन्यन की अद्भुत सुंदरता तक, हर पार्क ने मुझ पर एक ऐसी छाप छोड़ी है जो वहाँ से जाने के बाद भी लंबे समय तक बनी रहती है।

सिय्योन

ज़ायन नेशनल पार्क पश्चिम की प्राकृतिक, अदम्य सुंदरता के मेरे पहले अनुभवों में से एक था। घुमावदार सड़कों से गुज़रते हुए, मैं गहरे लाल बलुआ पत्थर की ऊँची चट्टानों से घिरा हुआ था, जिनका रंग सूरज की रोशनी के साथ बदल रहा था। वर्जिन नदी घाटी से होकर गुज़र रही थी, जो एक शुष्क परिदृश्य में जीवन रेखा की तरह थी। मैं इस विशालता को देखकर दंग रह गया, जहाँ प्रकृति की वास्तुकला अत्यंत नाटकीय ढंग से प्रदर्शित थी।

ब्राइस कैन्यन

ज़ायन से ज़्यादा दूर नहीं, ब्राइस कैन्यन, किसी दूसरी दुनिया का एक नज़ारा था, ऐसा लगा जैसे किसी दूसरे ग्रह पर कदम रख दिया हो। हूडूज़ की पतली, शिखर जैसी चट्टानें धरती से अजीबोगरीब, मनमोहक आकृतियों में उभरी हुई थीं, और उनके रंग सूर्योदय और सूर्यास्त के समय चमक रहे थे। किनारे पर खड़े होकर प्राकृतिक मूर्तियों के इस चक्रव्यूह को देखते हुए, मुझे एक शांत आश्चर्य का अनुभव हुआ। लाखों सालों में इस नज़ारे को आकार दिया गया था, फिर भी यह जीवंत लग रहा था, लगातार रोशनी और समय के साथ बदल रहा था।

ग्रैंड टेटन

व्योमिंग के ग्रैंड टेटन नेशनल पार्क के पहाड़ों की भव्यता एक बिल्कुल अलग ही सुंदरता थी। टेटन्स की नुकीली चोटियाँ क्षितिज पर छाई हुई थीं, जिनकी झलक नीचे झीलों के शांत पानी में दिखाई दे रही थी। जिस परिवार

के साथ मैं काम करती थी, उसके साथ जेनी झील पर पैदल यात्रा करना एक अविस्मरणीय अनुभव था। क्रिस्टल-सा साफ़ पानी और ऊँची पर्वत चोटियों वाला यह क्षेत्र अद्‌भुत सुंदरता से परिपूर्ण था।

जैसे-जैसे हम रास्ते पर आगे बढ़ रहे थे, एक खास तरह का उत्साह था, यह जानते हुए कि यह भालुओं का इलाका है। हालाँकि हमें कोई भालू नहीं मिला, लेकिन भालू के ताज़ा पैरों के निशान और मल ने हमें याद दिलाया कि वे आस-पास ही हैं। इसने हमारी यात्रा में रोमांच और सावधानी का एक तत्व जोड़ दिया, जिससे हम वन्यजीवों के किसी भी संकेत के प्रति सतर्क हो गए। हालाँकि भालू नज़र नहीं आए, लेकिन ऐसे निर्जन और जंगली वातावरण में होने से यह अनुभव और भी खास हो गया।

मनमोहक नज़ारे और प्रकृति के बीच होने के एहसास ने इस हाइक को एक ऐसा अनुभव बना दिया जिसे मैं कभी नहीं भूल पाऊँगा। मैंने अपना समय बस नज़ारों का आनंद लेते हुए, जेनी झील पर दोपहर की धुंध को उठते हुए, घास के मैदानों में वन्यजीवों को देखते हुए, और ठंडी पहाड़ी हवा को अपनी त्वचा पर महसूस करते हुए बिताया। यह एक ऐसी जगह थी जिसने मुझे धीमा कर दिया और प्रकृति की शांत भव्यता की सराहना करने के लिए प्रेरित किया।

येलोस्टोन

मैं येलोस्टोन को बिल्कुल भी नहीं छोड़ सकता था, जो अमेरिका का पहला राष्ट्रीय उद्यान और मेरे द्वारा अब तक देखी गई सबसे अनोखी जगहों में से एक है। मैं येलोस्टोन देखने का मौका नहीं छोड़ना चाहता था, अकेले भी नहीं (खैर, देश के अलग-अलग हिस्सों से आए पर्यटकों के एक समूह के साथ, जिनकी रुचि भी मेरी ही तरह थी)। बुदबुदाते गीज़र से लेकर जीवंत गर्म झरनों तक, येलोस्टोन के भूतापीय चमत्कार मंत्रमुग्ध कर देने वाले थे। भाप और पानी के फुहारों में ओल्ड फेथफुल को फूटते देखना विस्मय का क्षण था, मानो धरती स्वयं कोई तमाशा कर रही हो। पार्क का वन्यजीवन भी एक आकर्षण था, घास के मैदानों में चरते बाइसन और जंगलों में विचरण करते एल्क। येलोस्टोन प्रकृति का हृदय सा लगा, ऊर्जा और सुंदरता से जीवंत।

भव्य घाटी

अतीत की एक झलक, ग्रैंड कैन्यन को पहली बार देखने के लिए आपको कुछ भी पूरी तरह से तैयार नहीं कर सकता। मैं किनारे पर खड़ा था, इसकी विशालता से अभिभूत, लाखों सालों के इतिहास को उजागर करती चट्टानों की परतों से। जैसे-जैसे दिन भर रोशनी बदलती रही, कैन्यन के रंग सुबह के समय गहरे नारंगी, दोपहर में गहरे लाल और शाम के समय हल्के बैंगनी रंग में बदलते रहे। मैंने खुद को बस देखते हुए पाया, खुद को सबसे अच्छे तरीके से छोटा महसूस करते हुए, मुझे याद दिलाया कि पृथ्वी वास्तव में कितनी प्राचीन और शक्तिशाली है।

सेडोना

सेडोना मेरे द्वारा देखी गई किसी भी अन्य जगह से बिल्कुल अलग था। समय और हवा से आकार लेती लाल चट्टानों की संरचनाओं ने परिदृश्य को लगभग रहस्यमयी बना दिया था। दोस्तों के साथ इस क्षेत्र में गाड़ी चलाते हुए, हर मोड़ पर एक नया, मनमोहक दृश्य दिखाई देता था। नीले आकाश के सामने उठते पत्थरों के गिरजाघर, लुप्त हो चुकी नदियों द्वारा खोदी गई घाटियाँ, और एक ऐसा वातावरण जो शांत और शक्तिशाली दोनों लगता था। चाहे सूर्यास्त को चट्टानों पर सुनहरे रंग चढ़ते देखना हो या रेगिस्तान के सन्नाटे में डूबना हो, सेडोना ने मुझे इस धरती से गहरा जुड़ाव महसूस कराया।

मैंने जिन भी राष्ट्रीय उद्यानों का दौरा किया है, वे मुझे प्राकृतिक दुनिया की सुंदरता और विशालता की याद दिलाते हैं। इन जगहों ने मुझे विस्मय, चिंतन और इस देश के प्राकृतिक दृश्यों के प्रति गहरी प्रशंसा के क्षण दिए हैं। जब मैं इन अद्भुत जगहों पर खड़ा था, तो मैं यह सोचने से खुद को रोक नहीं पाया कि ईश्वर ने इस धरती को कितनी खूबसूरती से बनाया है—हर पहाड़, घाटी और रेगिस्तान ईश्वरीय पूर्णता का प्रतिबिंब सा लगता था। हालाँकि मेरी यात्रा मुझे कई मील आगे ले गई है, मुझे पता है कि देखने के लिए अभी भी अनगिनत अजूबे बाकी हैं। और यही इसकी खूबसूरती है। हमेशा एक और रास्ता होता है जिस पर चलना है, एक और नज़ारा होता

है जिसकी प्रशंसा करनी है, और जंगल का एक और टुकड़ा खोजे जाने का इंतज़ार कर रहा होता है।

ग्रैंड कैन्यन, एरिज़ोना

मॉन्यूमेंट वैली, यूटा-एरिज़ोना सीमा

एंटेलोप कैन्यन, एरिज़ोना

रेबेका के साथ कैन्यनलैंड्स , यूटा में

ब्राइस कैन्यन, यूटा

येलोस्टोन, व्योमिंग

जेनी लेक, ग्रैंड टेटन, व्योमिंग

कैथेड्रल रॉक, सेडोना, एरिज़ोना में एवलिन के साथ

अध्याय 7
वह मेरी ढाल है

2017 की एक गर्मियों की दोपहर, मैं इलेक्ट्रिक बाइक की सवारी पर निकला, जो एक रोमांचक अनुभव साबित हुआ। हालाँकि, मैंने ढलान पर बाइक की गति को कम करके आंका, जो सड़क पर बाइक की गति से कहीं ज़्यादा थी। घबराहट होने लगी और ब्रेक लगाने पर मैं नियंत्रण खो बैठा और गिर गया, जिससे मेरे सिर और कोहनी में चोट लग गई। मुझे तुरंत यूसीएलए के आपातकालीन विभाग में सिर के स्कैन और कोहनी के एक्स-रे के लिए ले जाया गया। सौभाग्य से, मेरे उच्च-गुणवत्ता वाले हेलमेट ने सिर की चोट को तो बचा लिया, लेकिन मेरी कोहनी में फ्रैक्चर हो गया, जिसके लिए सर्जरी की ज़रूरत पड़ी।

मेयो क्लिनिक के अनुसार:

"कोहनी प्रतिस्थापन सर्जरी में कोहनी के जोड़ के क्षतिग्रस्त हिस्सों को हटाकर उनकी जगह धातु और प्लास्टिक से बने हिस्से लगाए जाते हैं। इन्हें इम्प्लांट कहते हैं। इस सर्जरी को एल्बो आर्थ्रोप्लास्टी भी कहा जाता है । कोहनी में तीन हड्डियाँ मिलती हैं।" [2]

अपनी कोहनी के आर्थ्रोप्लास्टी के बाद , मुझे शीघ्र स्वस्थ होने के लिए कई फिजियोथेरेपी सत्रों से गुजरना पड़ा। कोहनी के फ्रैक्चर के बाद, आमतौर पर फिजियोथेरेपी का उपयोग रिकवरी में तेजी लाने और कोहनी के जोड़ की पूरी गतिशीलता वापस पाने के लिए किया जाता है। इसके अलावा, यह कोहनी, बांह, कंधे और कलाई की मजबूती और गतिशीलता को भी बढ़ाता है।

महीनों तक, मुझे कई चुनौतियों का सामना करना पड़ा। एक हाथ से रोज़मर्रा के काम निपटाने की जटिलता को समझना मुश्किल है। हमारे शरीर की बनावट अद्भुत है, और हर अंग एक विशिष्ट उद्देश्य पूरा करता है। मैं कल्पना भी नहीं कर पा रही थी कि मैं सिर्फ़ एक हाथ से काम चला पाऊँगी, क्योंकि रोज़मर्रा के काम—जैसे गाड़ी चलाना, खाना बनाना, नहाना, और यहाँ तक कि कॉन्टैक्ट लेंस लगाना या कपड़े तह करना जैसे

साधारण काम भी—मुश्किलों भरे हो जाएँगे। मुझे राहत इस बात की थी कि चोट की गंभीरता सिर्फ़ एक हाथ की हड्डी टूटने तक सीमित थी, क्योंकि इसके परिणाम कहीं ज़्यादा बुरे हो सकते थे।

हालाँकि जीवन की चुनौतियाँ भारी पड़ सकती हैं, फिर भी ये विकास के अवसर प्रदान करती हैं, आत्म-खोज, लचीलेपन और विजय की यात्रा को गति प्रदान करती हैं। प्रत्येक क्षण का लाभ उठाकर, हम अपनी पूरी क्षमता को उजागर और साकार कर सकते हैं। प्रत्येक नया दिन नई आशा लेकर आता है, अनुभवों की एक समृद्ध ताना-बाना बुनने का अवसर देता है, और आश्चर्य, विस्मय और आनंद से भरा जीवन जीने का अवसर देता है। उद्देश्यपूर्ण जीवन हमें जीवन की सुंदरता से जुड़ने और उसके मूल्य की सराहना करने में सक्षम बनाता है।

भजन 91
यहोवा पर भरोसा रखनेवाले की सुरक्षा

(एनएएसबी 1995)

1 जो परमप्रधान की छाया में बैठा रहे, वह सर्वशक्तिमान की छाया में
ठिकाना पाएगा। 2 मैं यहोवा के विषय कहूंगा, "वह मेरा शरणस्थान और
गढ़ है, मेरा परमेश्वर, जिस पर मैं भरोसा रखता हूं।" 3 क्योंकि वही है जो
तुम्हें जाल बिछाने वाले के फंदे से और महामारी से बचाता है। 4 वह तुझे
अपने पंखों की आड़ में ले लेगा, और तू उसके पंखों के नीचे शरण ले सकेगा;
उसकी सच्चाई तेरे लिये ढाल और गढ़ है।

5 तू न रात के भय से, न दिन को उड़ते हुए तीर से डरेगा; 6 उस
महामारी से जो अन्धकार में फैलती है, न उस महाविपत्ति से जो दोपहर को
उजाड़ देती है। 7 तेरे निकट हजार और तेरे दाहिने हाथ में दस हजार गिरेंगे,
परन्तु वह तेरे निकट न आएगा। 8 तू अपनी आंखों से देखेगा , और दुष्टों का
अन्त देखेगा। 9 क्योंकि तू ने यहोवा को, जो मेरा शरणस्थान है, अर्थात
परमप्रधान को अपना निवासस्थान माना है। 10 कोई विपत्ति तुझ पर न
पड़ेगी, न कोई दुःख तेरे डेरे के निकट आएगा।

11 क्योंकि वह अपने दूतों को तेरे निमित्त आज्ञा देगा, कि वे जहां कहीं
तू जाए वहां तेरी रक्षा करें। 12 वे तुझे हाथों हाथ उठा लेंगे, कि तेरे पांवों में
पत्थर से ठेस न लगे। 13 तू सिंह और नाग को रौंदेगा, और जवान सिंह और
सर्प को लताड़ेगा।

14 "उसने मुझ से प्रेम किया है , इस कारण मैं उसको छुड़ाऊंगा; मैं
उसको ऊंचे स्थान पर स्थिर करूंगा, क्योंकि उस ने मेरे नाम को जान लिया
है। 15 जब वह मुझे पुकारे , और मैं उसकी सुनूंगा; संकट में मैं उसके संग रहूंगा;
मैं उसको छुड़ाऊंगा और उसकी महिमा करूंगा। 16 मैं उसको दीर्घायु से तृप्त
करूंगा, और अपने किए हुए उद्धार को दिखाऊंगा।"

भजन 91 परमेश्वर की दिव्य सुरक्षा और अपने लोगों के प्रति प्रेम का वर्णन करता है। प्रभु मेरे दृढ़ शरणस्थल और गढ़ के रूप में कार्य करते हैं। जीवन की बाधाओं के बावजूद, वे मुझे उन पर भरोसा रखने के लिए प्रेरित

करते हैं। स्वर्गदूतों को मेरी देखभाल का दायित्व सौंपने का उनका वादा उनके प्रेम को दर्शाता है, जो मेरी सुरक्षा है। चूँकि वे मेरे नाम को अच्छी तरह जानते हैं, इसलिए मैं उनके उत्तर के प्रति आश्वस्त होकर उनका नाम पुकारूँगा। सर्वशक्तिमान परमेश्वर के ये अद्भुत वादे सांत्वना का स्रोत हैं! परमेश्वर प्रेम का साक्षात् स्वरूप हैं, और उनकी दया सदा बनी रहती है।

विपत्तियों के बीच, जीवन चलते रहना चाहिए। जीवन की कठिनाइयाँ चुनौतियों पर विजय पाने के अवसर प्रदान करती हैं। विश्वास के साथ, हम भरोसा करते हैं कि ईश्वर की शक्ति हमारी सहायता कर रही है। जब मैं अपनी यात्रा पर, खासकर अपनी हृदय शल्य चिकित्सा के समय, पीछे मुड़कर देखता हूँ, तो भजन 91 मेरे लिए शांति और शक्ति का स्रोत बन गया। ऐसे जीवन-परिवर्तनकारी क्षण का सामना करते हुए, मैंने खुद को ऐसे असुरक्षित महसूस किया जैसा मैंने पहले कभी अनुभव नहीं किया था। ये शब्द, "जो कोई परमप्रधान की शरण में रहता है, वह सर्वशक्तिमान की छाया में विश्राम करेगा," मुझे लगातार याद दिलाते रहे कि मैं अकेला नहीं था, ईश्वर मेरे साथ थे, मेरे भय और अनिश्चितता में भी मेरी रक्षा कर रहे थे।

अपने स्वास्थ्य लाभ के दौरान, मैं अक्सर इस श्लोक पर मनन करता था, "वह तुम्हें अपने पंखों से ढँक लेगा, और उसके पंखों के नीचे तुम शरण पाओगे।" मुझे यह कल्पना करके सुकून मिलता था कि मैं ईश्वर की देखभाल में सुरक्षित हूँ, जैसे एक बच्चा अपने प्यारे माता-पिता के संरक्षण में होता है। शांति और चिंतन के उन पलों में ही मुझे एहसास हुआ कि मुझे न केवल शारीरिक उपचार, बल्कि भावनात्मक और आध्यात्मिक नवीनीकरण की भी कितनी ज़रूरत है।

भजन 91 ने मुझे अपने रिश्ते के बारे में भी स्पष्टता दी। इसने मुझे याद दिलाया कि परमेश्वर ने मेरे जीवन के लिए एक योजना बनाई है, एक ऐसी योजना जिसमें शांति, प्रेम और पूर्णता शामिल है। यह पद, "मैं उसे दीर्घायु से संतुष्ट करूँगा और उसे अपना उद्धार दिखाऊँगा," मेरे लिए अपनी भलाई को प्राथमिकता देने और यह भरोसा रखने का आह्वान बन गया कि परमेश्वर मेरे लिए सही मार्ग प्रदान करेगा। अपने रिश्ते को खत्म करना कोई

आसान फैसला नहीं था, लेकिन मुझे पता था कि मुझे अपने जीवन को परमेश्वर के वादों के अनुरूप ढालना होगा। भजन में दिए गए सुरक्षा के आश्वासन ने मुझे उस प्रेम को त्यागने का साहस दिया जो अब मेरे भविष्य के साथ मेल नहीं खाता था, और यह भरोसा दिलाया कि परमेश्वर मुझे किसी महान लक्ष्य की ओर ले जाएगा।

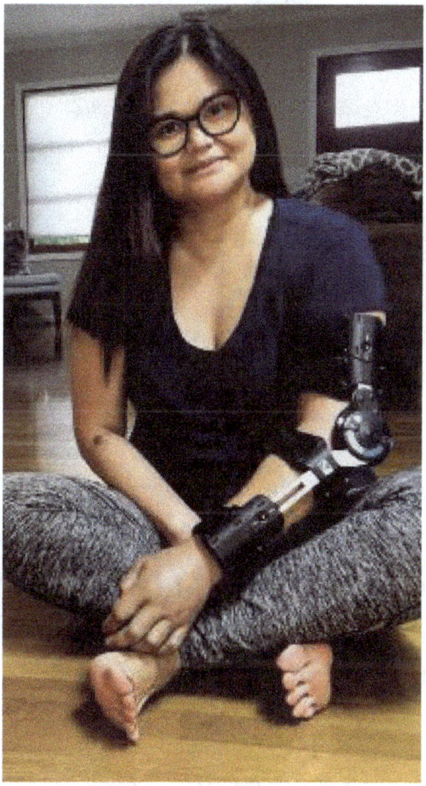

अध्याय 8
कभी अकेले नहीं

दिसंबर 2018 में, मुझे एक परिवार के साथ हवाई जाने के लिए आमंत्रित किया गया था, जिसके साथ मैं काम करता था।

हवाई में मेरे सबसे पसंदीदा पलों में से एक सूर्यास्त का इंतज़ार था। हवाई में सूर्यास्त वाकई जादुई होता है। आसमान में घुलते-मिलते रंग, समुद्र से परावर्तित होते हुए, बस मनमोहक होते हैं। यह प्रकृति की सुंदरता का एक अद्भुत प्रदर्शन है जो विस्मय और आश्चर्य से भर देता है। बिग आइलैंड पर स्थित मौना कीआ बीच होटल, समुद्र के किनारे सूर्यास्त का अद्भुत नज़ारा प्रस्तुत करता है। जिस परिवार के साथ मैं गया था, उन्होंने बिग आइलैंड को अपनी मंज़िल के रूप में चुना, और मुझे उनकी छुट्टियों की पार्टियों में शामिल होने का सौभाग्य मिला, जो वे हर क्रिसमस और नए साल पर अपने परिवार के साथ बिताते हैं।

वहाँ रहते हुए, मुझे पेट में तेज़ दर्द हुआ जो सुहावने मौसम और सूर्यास्त के बावजूद और भी बढ़ गया। मेरी हालत इतनी बिगड़ गई कि मुझे आराम और दवा की ज़रूरत पड़ी, जिससे दुर्भाग्य से मेरे लक्षण और भी बदतर हो गए। मुझे बहुत चक्कर आने लगे और चलने-फिरने में भी दिक्कत होने लगी, जिसके चलते मुझे कामुएला स्थित क्वींस नॉर्थ हवाई कम्युनिटी हॉस्पिटल में आपातकालीन उपचार के लिए जाना पड़ा।

मुझे पहले भी पेट में दर्द महसूस हुआ था—इतना कि यह अक्सर मेरे मासिक धर्म की शुरुआत का संकेत होता है। यह जाना-पहचाना था और कुछ ऐसा था जिसे मैंने वर्षों से संभालना सीख लिया था, लेकिन इस बार, कुछ अलग था। दर्द सिर्फ़ असहज नहीं था; यह तेज़, लगातार था, और हर घंटे बदतर होता जा रहा था। पहले तो मैंने इसे सहने की कोशिश की, खुद को यकीन दिलाया कि यह बस एक और मुश्किल चक्र है। लेकिन जल्द ही, इसकी तीव्रता असहनीय हो गई। मेरे पेट के निचले हिस्से में एक गहरी, चुभन भरी सनसनी फैल गई, जिससे हिलना-डुलना और साँस लेना मुश्किल हो गया। कुछ ठीक नहीं था।

जब तक मैं आपातकालीन विभाग पहुँचा, मैं दर्द और अनिश्चितता से पूरी तरह घिर चुका था। हर मिनट मानो अनंत काल लग रहा था क्योंकि डॉक्टर तेज़ी से यह आकलन कर रहे थे कि क्या हो रहा है। जाँचें, स्कैन, धीमी बातचीत, मैं उनके चेहरे पर चिंता साफ़ देख सकता था, इससे पहले कि वे कुछ बोलते। फिर जवाब आया: मुझे आंतरिक रक्तस्राव हो रहा था।

शब्द धीरे-धीरे मेरे अंदर उतर रहे थे, उनका भार मुझ पर पड़ रहा था। खून बह रहा था... अंदर... खून पतला करने वाली दवा, कौमाडिन, के सेवन की सच्चाई ने स्थिति को और भी खतरनाक बना दिया था। मेरे मन में सवालों की बाढ़ आ गई। क्या वे इसे रोक पाएँगे? क्या मुझे सर्जरी की ज़रूरत पड़ेगी? मैं अपने शरीर को कमज़ोर होते हुए, भीतर चल रहे अदृश्य संघर्ष से छलनी होते हुए महसूस कर सकता था।

मेडिकल टीम ने तेज़ी से काम किया, मेरी हालत और जोखिमों का ध्यानपूर्वक संतुलन बनाते हुए। मुझे उन पर पूरा भरोसा था, लेकिन उससे भी ज़्यादा, मैंने प्रार्थना की। मुझे यह समझने का समय ही नहीं मिला था कि क्या हो रहा है, इससे पहले कि डॉक्टरों ने स्पष्ट कर दिया कि मुझे सर्जरी की ज़रूरत है। खून बहना अपने आप नहीं रुक रहा था, और मेरे शरीर में कौमाडिन होने के कारण, जोखिम और भी ज़्यादा था। ये शब्द भारी लग रहे थे, लेकिन मुझे पता था कि मेरे पास और कोई चारा नहीं था।

जैसे ही उन्होंने मुझे प्रक्रिया के लिए तैयार किया, भावनाओं का एक सैलाब मुझ पर टूट पड़ा। डर। अनिश्चितता। थकान। मेरा शरीर पहले ही बहुत कुछ सह चुका था, और अब, मुझे पूरी तरह से समर्पण करना था, सर्जनों पर भरोसा करते हुए कि वे खून बहना बंद कर देंगे और मुझे सुरक्षित बाहर निकाल लेंगे। वहाँ लेटे-लेटे मैंने उन सभी बातों के बारे में सोचा जो मैंने झेली थीं—मेरी स्वास्थ्य संबंधी परेशानियाँ, मेरी सहनशक्ति, वे प्रार्थनाएँ जिन्होंने मुझे पहले भी सहारा दिया था। मैंने अब धीरे से एक प्रार्थना की, यीशु से मेरे साथ रहने, डॉक्टरों का मार्गदर्शन करने, इस अनजानी स्थिति में मुझे स्थिर रखने की प्रार्थना की।

मेरी सर्जरी से पहले, मुझे रक्त आधान और विटामिन K IV इंजेक्शन की ज़रूरत थी। मैंने *एक गैलन से ज़्यादा* खून खो दिया था। मैं बहुत डर गया

था! मुझे उम्मीद नहीं थी कि मुझे इतनी गंभीर, बिल्कुल अनजान स्थिति का सामना करना पड़ेगा। मेरे लिए एकमात्र सहारा यही था कि मैं अपने चर्च के दोस्तों से मेरी आपातकालीन सर्जरी के लिए प्रार्थना करने का अनुरोध करूँ। चर्च के साथी सदस्यों से बातचीत करते और उनकी प्रार्थनाओं का अनुरोध करते हुए, मुझे अपने जीवन के परिणाम को लेकर एक तात्कालिकता और अनिश्चितता का एहसास हुआ। डर और चिंता ने मुझे सर्जरी के बाद के परिणामों पर विचार करने से रोक दिया। एक कठिन परिस्थिति का सामना करते हुए, मुझे स्पष्ट रूप से याद है कि मैं परिणाम के बारे में अनिश्चित होते हुए भी, प्रभु की सतर्क देखभाल के लिए बड़ी शिद्दत से प्रार्थना कर रहा था। मैंने हवाई में न मरने का दृढ़ निश्चय किया था, और इसके बजाय, लॉस एंजिल्स लौटकर दोस्तों और परिवार से मिलना चाहता था।

जैसे ही वे मुझे ऑपरेशन रूम में ले जाने की तैयारी कर रहे थे, मेरे साथ आई दो नर्सों में से एक ने पूछा कि क्या मुझे आगे बढ़ने से पहले कुछ चाहिए। मैंने प्रार्थना करने का अनुरोध किया। सौभाग्य से, दोनों नर्सें ईसाई थीं, और उन्होंने तुरंत मेरे लिए प्रार्थना की। उन प्रार्थनाओं ने मुझे दिलासा और आश्वासन दिया कि मैं अकेली नहीं हूँ, और ईश्वर ने अपने स्वर्गदूतों को मेरे साथ रहने के लिए भेजा है। क्या ही आशीर्वाद! एक बार फिर, ईश्वर ने पुष्टि की कि वह मुझे कभी नहीं छोड़ेंगे और न ही मुझे त्यागेंगे। मौना कीया बीच होटल में अपने प्रवास के दौरान, मैंने एक अविश्वसनीय दयालुता का अनुभव किया जिसे मैं कभी नहीं भूल पाऊँगा। होटल के महाप्रबंधक ने व्यक्तिगत रूप से अस्पताल से संपर्क किया ताकि यह सुनिश्चित हो सके कि मुझे आवश्यक देखभाल मिले। उस स्तर की चिंता और आतिथ्य वास्तव में हृदयस्पर्शी था।

न केवल होटल के कर्मचारी चौकस थे, बल्कि अस्पताल ने भी मेरे पूरे प्रवास के दौरान मुझे आरामदायक स्थिति में रखने के लिए हर संभव प्रयास किया। उनकी दयालुता और करुणा ने एक तनावपूर्ण स्थिति को ऐसे रूप में बदल दिया जहाँ मुझे देखभाल और समर्थन का एहसास हुआ। यह लोगों की अच्छाई की एक बड़ी याद दिलाता था और यह भी कि कैसे दयालुता के छोटे-छोटे कार्य बहुत बड़ा बदलाव ला सकते हैं। ऑपरेशन में कई घंटे लगे,

और हालाँकि जब मैं उठा तो मुझे मिचली आ रही थी, फिर भी मैं इस प्रक्रिया से गुज़रने के लिए आभारी था। मैं जीवित होने के लिए आभारी था, भले ही मैंने बहुत खून बहाया था और मेरे पेट पर एक बड़ा चीरा लगा था।

सर्जन ने मुझे बताया कि सिस्ट फटने के कारण उन्हें मेरा दाहिना अंडाशय निकालना पड़ा। इसमें कोई आश्चर्य की बात नहीं कि मुझे इतना दर्द हो रहा था। दिलचस्प बात यह है कि कौमाडिन के इस्तेमाल से स्वतःस्फूर्त रक्तस्राव एक जानी-मानी जटिलता है। काफी खून की कमी के बाद, मुझे अपना सामान्य रक्त संचार बहाल करने के लिए कई बार रक्त चढ़ाना पड़ा। मेरी नसों में बाहरी रक्त के प्रवाह का विचार ही मुझे बेचैन कर रहा था। दान किए गए रक्त की सराहना करते हुए, मैं रक्तदाता की पहचान के बारे में सोचने और यह आशा करने से खुद को नहीं रोक पाई कि उनका नैतिक चरित्र अच्छा होगा।

मेरे सर्जन ने मुझे सर्जरी के बाद लॉस एंजिल्स वापस जाने से पहले कुछ दिन द्वीप पर ही रहने का निर्देश दिया था। मेरे चीरे का आकार लगभग साढ़े चार इंच था, जिससे हवा के दबाव और संभावित रक्त के थक्के जमने के कारण उड़ान के बीच में ही फटने का खतरा था। मैं भाग्यशाली था कि सर्जरी के एक हफ़्ते बाद मुझे बिग आइलैंड छोड़ने की अनुमति मिल गई, लेकिन मुझे किसी भी जटिलता से बचने के लिए अतिरिक्त सावधानी बरतनी पड़ी।

अपने पेट में लोवेनॉक्स (एनोक्सापारिन) के इंजेक्शन लगाने थे , एक ऐसी प्रक्रिया जिससे मैं डरता था क्योंकि यह दर्दनाक थी और मेरे पेट के क्षेत्र में गंभीर चोट लगने की संभावना थी। लोवेनॉक्स एक थक्कारोधी है जो रक्त के थक्के बनने से रोकने में मदद करता है। एक यांत्रिक हृदय वाल्व प्राप्तकर्ता होने के नाते, मैं लोवेनॉक्स से परिचित था , जिसे आमतौर पर प्रक्रिया के बाद निर्धारित किया जाता है और दिन में दो बार तब तक दिया जाता है जब तक मेरा INR (अंतर्राष्ट्रीय सामान्यीकृत अनुपात) स्तर अपनी सामान्य सीमा पर नहीं आ जाता। सामान्य होने पर, मैं अपनी नियमित कौमाडिन दिनचर्या पर वापस लौट सकता था। शुरुआत में, मैं लोवेनॉक्स का इंजेक्शन लगाने को लेकर चिंतित था , क्योंकि मुझे तंत्रिका क्षति और अत्यधिक चोट

लगने का डर था। हालाँकि, जैसे-जैसे मैं इसका अभ्यस्त होता गया, मैं और अधिक सहज होता गया।

मैं अपने नियोक्ता, एयरलाइन स्टाफ और एयरपोर्ट कर्मचारियों के सहयोग के लिए आभारी हूँ, जिनकी बदौलत मैं सुरक्षित घर पहुँच पाई। उनकी मदद और ईश्वर की कृपा से, मुझे घर पहुँचने में कोई परेशानी नहीं हुई, और मैं धन्य हूँ कि मैं जीवित और स्वस्थ हूँ। अपने सर्जन की सलाह पर, मैंने पहुँचते ही अपने प्रसूति-स्त्री रोग विशेषज्ञ (OB/GYN) से जल्द से जल्द अपॉइंटमेंट ले लिया ताकि मेरे चीरों की पूरी जाँच हो सके और सर्जरी के बाद आने वाली किसी भी समस्या का समाधान हो सके। मेरी प्रसूति-स्त्री रोग विशेषज्ञ (OB/GYN) ने इस घटना के बारे में जानकर चिंता व्यक्त की और मुझे याद दिलाया कि उन्होंने पहले भी कौमाडिन के इस्तेमाल से होने वाले अत्यधिक मासिक धर्म रक्तस्राव के कारण IUD लगवाने पर ज़ोर दिया था। उन्होंने बताया कि भारी मासिक धर्म डिम्बग्रंथि अल्सर से जुड़ा होता है, जिससे आंतरिक रक्तस्राव हो सकता है, जैसा कि दुर्भाग्य से मेरे मामले में हुआ।

मैं अविवाहित थी और मुझे गर्भनिरोधक का कोई पूर्व अनुभव नहीं था, इसलिए मैं आईयूडी का इस्तेमाल करने से हिचकिचा रही थी। हालाँकि, मेरे प्रसूति एवं स्त्री रोग विशेषज्ञ ने मुझे समझाया कि आईयूडी के दोहरे लाभ हैं, गर्भनिरोधक प्रदान करते हैं और भारी मासिक धर्म रक्तस्राव को कम करते हैं। व्यापक परीक्षणों, बायोप्सी और एक अतिरिक्त प्रक्रिया के बाद, मैंने आईयूडी लगवाने के लिए अपनी सहमति दे दी।

मुझे कौमाडिन के इस्तेमाल के मेरे समग्र स्वास्थ्य पर पड़ने वाले गंभीर प्रभावों के बारे में पता नहीं था। अगर मुझे जानकारी होती, तो शायद मैं यांत्रिक उपकरण की बजाय जैविक वाल्व चुनता। हालाँकि, हर आठ से दस साल में ओपन हार्ट सर्जरी करवाने की संभावना डराने वाली है। मेरे मामले में, मिरेना आईयूडी एक बेहद कारगर उपाय साबित हुआ है। अब लगभग पाँच साल हो गए हैं, और इस दौरान मुझे पेट से कोई रक्तस्राव नहीं हुआ है।

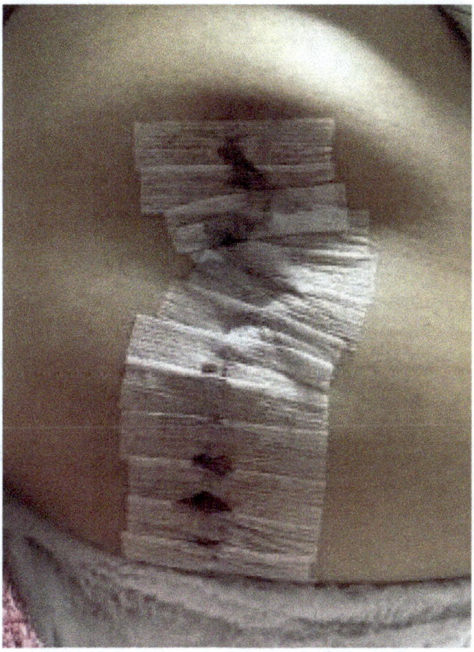

अध्याय 9
कोविड-19 के समय में हानि

एक साल बीत गया था, और मुझे दिसंबर 2019 में बिग आइलैंड पर फिर से आने का सौभाग्य मिला ताकि मैं शांति और सुकून के पल का पूरा आनंद ले सकूँ। उस समय, चीन के वुहान में कोविड का प्रकोप शुरू हो चुका था, और यह अकल्पनीय था कि यह कुछ ही हफ़्तों में पूरी दुनिया में फैल जाएगा। कोरोनावायरस महामारी ने 2020 की शुरुआत में अमेरिका को अपनी चपेट में ले लिया, जिससे फ़रवरी में पहली मौत दर्ज होने से दहशत का माहौल पैदा हो गया, जिसके बाद राष्ट्रपति ने राष्ट्रीय आपातकाल की घोषणा कर दी।

हवाई की अपनी छुट्टियों की यात्रा से लौटने के बाद, मैं गंभीर रूप से बीमार पड़ गया—शायद यात्रा के कारण नहीं, बल्कि जनवरी में स्कूल खुलने के बाद बीमार हुए बच्चों के संपर्क में आने के कारण। स्कूल के बाद मैंने कई बच्चों से घुल-मिलकर बात की, जिनमें से एक गंभीर रूप से बीमार था। मुझे फ्लू जैसे गंभीर लक्षण दिखाई दिए, जिन्हें ठीक होने में पूरा एक हफ़्ता लग गया, और मुझे दो हफ़्तों से ज़्यादा समय तक लगातार खांसी रही। हालाँकि COVID-19 की जाँच उपलब्ध नहीं थी, फिर भी मेरा इन्फ्लूएंज़ा वायरस टेस्ट पॉजिटिव आया, और मेरी बीमारी को COVID-19 के रूप में दर्ज नहीं किया गया। मैं भाग्यशाली रहा कि मुझे अस्पताल में भर्ती होने से बचना पड़ा और बिना डॉक्टर के पर्चे के मिलने वाली दवाएँ और बाद में एंटीबायोटिक्स लेने के बाद, जो मेरी लगातार खांसी के इलाज के लिए निर्धारित की गई थीं, जो दो हफ़्तों से ज़्यादा समय तक रही, मैं पूरी तरह ठीक हो गया।

मेरे जानने वाले कई लोग महामारी से डरे हुए थे, जिसकी वजह से वे घबराहट में खरीदारी करने लगे और अपने आस-पास के लोगों को लेकर ज़्यादा चिंतित हो गए। जब लोगों ने सड़कों पर किसी को मास्क नहीं पहने देखा, तो वे दूसरों पर भड़क उठे। लोगों ने दूसरों पर पुलिस की तरह नज़र रखना शुरू कर दिया और उनके साथ अभद्र व्यवहार किया। अप्रैल के मध्य

तक, बढ़ते मामलों के कारण सभी राज्यों और क्षेत्रों ने आपदा घोषित कर दी थी। कोरोनावायरस के व्यापक भय के कारण, लोग घर पर ही रहने को मजबूर हो गए, और बच्चों को बाहर निकलने से मना कर दिया गया, जिसके परिणामस्वरूप देशव्यापी बंद हो गया। यहाँ तक कि पूजा स्थलों को भी बंद करना पड़ा, जो वाकई एक दुखद स्थिति थी।

क्वारंटाइन अवधि के दौरान लगातार काम करने के बावजूद, मैं उन भाग्यशाली लोगों में से एक था जिन्हें वैक्सीन उपलब्ध होने से पहले वायरस का संक्रमण नहीं हुआ। शायद मुझे जनवरी 2020 में कोविड-19 हुआ था, और चूँकि उस समय जाँच की सुविधा उपलब्ध नहीं थी, इसलिए संभवतः मुझमें एंटीबॉडीज़ विकसित हो गई थीं। एक सुबह, काम पर जाते हुए मेरा सफ़र ख़ास तौर पर अद्भुत था क्योंकि फ़्रीवेज़ पर ट्रैफ़िक नहीं था, जिससे एक बेचैन करने वाला, फिर भी आकर्षक दृश्य बन रहा था जिससे मुझे ऐसा लग रहा था जैसे मैं ही इस धरती पर अकेला बचा हूँ।

जब 2021 में कोविड वैक्सीन उपलब्ध हुई, तो मेरे हृदय रोग विशेषज्ञ डॉ. श्वाट्र्ज़ ने मुझे मेरी अंतर्निहित स्वास्थ्य स्थितियों के कारण बिना देर किए टीका लगवाने की सलाह दी। अध्ययनों से पता चला है कि गंभीर बीमारी, अस्पताल में भर्ती होने और मृत्यु को रोकने में वैक्सीन की उच्च प्रभावकारिता है। सीडीसी के निष्कर्षों से पता चला है कि पूरी तरह से टीका लगवा चुके लोगों की तुलना में बिना टीकाकरण वाले लोगों में संक्रमण या अस्पताल में भर्ती होने की संभावना 5 से 30 गुना अधिक थी।

टीकाकरण के बारे में लंबे समय तक विचार-विमर्श के बाद, मैंने अंततः टीका लगवाने का फैसला किया, मुख्यतः शिशुओं के साथ काम करने के अपने पेशे के कारण, क्योंकि एक शिशु को कोविड-19 संक्रमण के संभावित परिणाम असहनीय थे। पहले दौर का टीका लगवाने के बाद, मुझमें कोई लक्षण नहीं थे, इसलिए मैंने चिकित्सा विशेषज्ञों की सलाह के अनुसार, छह महीने बाद दूसरा दौर लगवाया। फिर भी, दूसरे टीकाकरण के दो हफ़्ते बाद, मुझे बेल्स पाल्सी का पता चला, जो कोविड टीके का एक ज्ञात दुष्प्रभाव है।

पबमेड सेंट्रल के अनुसार:

"बेल्स पाल्सी कोविड वैक्सीन की सबसे चिंताजनक जटिलताओं में से एक है, जिसने आम जनता के बीच वैक्सीन की स्वीकार्यता को प्रभावित किया है। ये टीके SARS-CoV-2 कोरोनावायरस के विरुद्ध प्रतिरक्षा प्रदान करने के लिए शुरू किए गए थे और काफी प्रभावी पाए गए हैं। हमें कम ही पता था कि बेल्स पाल्सी इसकी गंभीर जटिलताओं में से एक हो सकती है।"

"बेल्स पाल्सी एक दुर्लभ जटिलता है जो कोविड-19 वैक्सीन लगवाने के बाद हो सकती है। इस समीक्षा का उद्देश्य वैक्सीन के इस दुर्लभ प्रतिकूल प्रभाव के बारे में जागरूकता बढ़ाना है ताकि इसका उचित समाधान और प्रबंधन किया जा सके। इसके अतिरिक्त, यह कोविड-19 वैक्सीन के प्रशासन पर भविष्य के शोध के लिए एक आधार का काम करेगा।" [4]

मेयो क्लिनिक के अनुसार:

"बेल्स पाल्सी एक ऐसी स्थिति है जो चेहरे के एक तरफ की मांसपेशियों में अचानक कमज़ोरी पैदा करती है। अक्सर यह कमज़ोरी थोड़े समय के लिए होती है और कुछ हफ़्तों में ठीक हो जाती है। इस कमज़ोरी के कारण चेहरा आधा लटकता हुआ सा लगता है। मुस्कान एकतरफ़ा होती है, और प्रभावित हिस्से की आँख बंद करना मुश्किल हो जाता है।"

"बेल्स पाल्सी को अज्ञात कारणों से होने वाली एक्यूट पेरिफेरल फेशियल पाल्सी भी कहा जाता है। यह किसी भी उम्र में हो सकता है। इसका सटीक कारण ज्ञात नहीं है। विशेषज्ञों का मानना है कि यह चेहरे के एक तरफ की मांसपेशियों को नियंत्रित करने वाली तंत्रिका में सूजन और जलन के कारण होता है। बेल्स पाल्सी किसी वायरल संक्रमण के बाद होने वाली प्रतिक्रिया के कारण हो सकता है।"

"लक्षण आमतौर पर कुछ हफ़्तों में सुधरने लगते हैं, और लगभग छह महीनों में पूरी तरह ठीक हो जाते हैं। कुछ लोगों में बेल्स पाल्सी के कुछ लक्षण जीवन भर बने रहते हैं। बेल्स पाल्सी शायद ही कभी एक से ज़्यादा बार होती है।" [5]

मुझे हल्के लक्षण थे, शायद इसलिए क्योंकि मैं सीडर-सिनाई के आपातकालीन कक्ष में चिकित्सा सहायता लेने गया था और मुझे समय पर

चिकित्सा देखभाल मिली, जिसमें एमआरआई, ओरल स्टेरॉयड, आँखों की सुरक्षा और दर्द कम करने के लिए एंटीवायरल दवाएं शामिल थीं। मेरे चेहरे का पक्षाघात काफी स्पष्ट था, और मेरी आँखें प्रकाश के प्रति अत्यधिक संवेदनशील और बहुत शुष्क थीं, जिससे कॉन्टैक्ट लेंस पहनना असंभव हो गया था। मुझे राहत है कि कोविड महामारी के दौरान मास्क के व्यापक उपयोग के कारण चेहरे का पक्षाघात काफी हद तक किसी का ध्यान नहीं गया। हालाँकि, जब भी मैं खुद को आईने में देखता था, मुझे चिंता होती थी क्योंकि इस कमी ने मेरी मुस्कुराने की क्षमता को प्रभावित किया था। मेरे चेहरे को सामान्य होने में कम से कम छह महीने लगे।

बेल्स पाल्सी से ठीक होने के बाद, मुझे कोविड-19 हो गया। सौभाग्य से, मेरे लक्षण कई अन्य लोगों की तुलना में अपेक्षाकृत हल्के थे। मैं शुक्रगुज़ार हूँ कि मुझे कभी अस्पताल में भर्ती नहीं होना पड़ा, और चूँकि मैं अकेला रहता हूँ, इसलिए मुझे दूसरों को वायरस फैलने की कोई चिंता नहीं थी। मैं किराने की डिलीवरी सेवाओं का लाभ उठा पाया, इसलिए मुझे कभी अपने अपार्टमेंट से बाहर नहीं निकलना पड़ा। मेरे लक्षणों में लगभग चौबीस घंटे तक रहने वाला बुखार, शरीर में दर्द और सूखी खांसी शामिल थी जो लगभग दो हफ़्तों तक बनी रही।

COVID-19 ने मुझे गहरा सदमा पहुँचाया क्योंकि मैंने अपने एक चचेरे भाई और अपने प्यारे चाचा, लोलोंग , दोनों को इस वायरस के कारण खो दिया। मेरे चचेरे भाई बहुत छोटे थे, बहुत जल्दी चले गए, और मेरे चाचा ही वो इंसान थे जिनके साथ मैं अपने वतन लौटने पर समय बिताने के लिए उत्सुक था। उनके न रहने का एहसास मेरे दिल में एक ऐसा खालीपन छोड़ गया है जिसे शब्दों में बयाँ नहीं किया जा सकता। उन्हें खोना न सिर्फ़ मेरे लिए, बल्कि पूरे परिवार के लिए बहुत बड़ा सदमा था। यह दुःख आज भी बना हुआ है, खासकर उन पलों में जब मैं सोचता हूँ कि क्या हो सकता था—अकथित बातचीत और वे यादें जो हम कभी बना ही नहीं पाए। उनकी कमी मुझे बहुत खलती है, लेकिन मैं उस प्यार और यादों को संजोए रखता हूँ जो हमने साझा की थीं, और उन्हें हमेशा अपने दिल में संजोए रखता हूँ।

मैं प्रभु यीशु का धन्यवाद करता हूँ कि वे मेरी चट्टान हैं और मुझे बाधाओं को पार करने में सक्षम बनाते हैं। मैं अपने चर्च के मित्रों और प्रार्थना योद्धाओं का तहे दिल से आभारी हूँ, जो निरंतर समर्थन और प्रोत्साहन का स्रोत रहे हैं। सहायता और प्रार्थना प्रदान करने में उनकी तत्परता उल्लेखनीय रही है, और साथ मिलकर, हमारा विश्वास और भी मज़बूत हुआ है।

यहोवा मेरा बल और मेरी ढाल है;

मेरा दिल उस पर भरोसा करता है,

और मुझे सहायता मिली;

इसलिए मेरा हृदय प्रसन्न है,

और मैं गीत गाकर उसका धन्यवाद करूंगा। भजन संहिता 28:7

प्रत्येक परीक्षा हमारे विश्वास को गहरा करने के एक सुनहरे अवसर में बदल जाती है, जो हमारे प्रभु यीशु में हमारे विश्वास को मज़बूत और विस्तृत करने के लिए कुशलतापूर्वक डिज़ाइन किया गया है। हालाँकि मैं कभी-कभी, खासकर विपत्ति के समय, लड़खड़ा सकता हूँ, फिर भी मैं अपने इस विश्वास में दृढ़ हूँ कि ईश्वर का हाथ निरंतर मुझ पर है, चाहे जीवन में मेरे सामने कोई भी चुनौती आए। वह मेरी चट्टान जैसी मज़बूत ताकत, मेरा असीम सांत्वना और मेरी अभेद्य ढाल हैं।

भजन 103
प्रभु की दया की स्तुति

दाऊद का एक भजन

(एनएएसबी 1995)

1 हे मेरे मन, यहोवा को धन्य कह, और जो कुछ मुझ में है, वह उसके
पवित्र नाम को धन्य कहे। 2 हे मेरे मन, यहोवा को धन्य कह, और उसके
किसी उपकार को न भूलना। 3 वही तो तेरे सब अधर्म को क्षमा करता, और
तेरे सब रोगों को चंगा करता है। 4 वही तो तेरे प्राण को नाश होने से बचा लेता है, और तेरे सिर
पर करूणा और करुणा का मुकुट बान्धता है । 5 वही तो तेरे वर्षों को उत्तम
पदार्थों से तृप्त करता है, जिस से तेरी जवानी उकाब के समान नई हो जाती
है।

6 यहोवा सब सताए हुए लोगों के लिये धर्म के काम और न्याय करता
है। 7 उसने मूसा को अपने मार्ग बताए, इस्राएल के पुत्रों के प्रति उसके कार्य।
8 यहोवा दयालु और अनुग्रहकारी, विलम्ब से कोप करनेवाला और अति
करुणामय है । 9 वह सर्वदा हम से झगड़ता न रहेगा, न अपना क्रोध सदा
बनाए रखेगा। 10 उसने हमारे पापों के अनुसार हम से व्यवहार नहीं किया,
न हमारे अधर्म के कामों के अनुसार हम को बदला दिया है। 11 क्योंकि
आकाश पृथ्वी के ऊपर जितना ऊँचा है, उसकी करूणा उसके डरवैयों के
ऊपर बड़ी है। 12 पूरब अस्ताचल से जितनी दूर है, उसने हमारे अपराधों को
हमसे उतनी ही दूर कर दिया है। 13 जैसे पिता अपने बालकों पर दया करता
है, वैसे ही यहोवा अपने डरवैयों पर दया करता है। 14 क्योंकि वह हमारी
सृष्टि जानता है; और उसको स्मरण रहता है कि मनुष्य मिट्टी ही हैं।

15 मनुष्य की आयु घास के समान है; वह मैदान के फूल के समान फूलता
है। 16 जब वायु उस पर से गुजर जाती है, तब वह लुप्त हो जाता है, और
उसका स्थान उसे फिर ग्रहण नहीं करता। 17 परन्तु यहोवा की करूणा उसके
डरवैयों पर युग युग बनी रहती है, और उसका धर्म उनके नाती-पोतों पर
भी बना रहता है। 18 जो उसकी वाचा का पालन करते, और उसके उपदेशों
को स्मरण करके उन पर चलते हैं।

[19] यहोवा ने अपना सिंहासन स्वर्ग में स्थापित किया है, और उसकी प्रभुता सभों पर शासन करती है। [20] हे यहोवा के दूतो, हे उसके बड़े वीर, हे उसके वचन के मानने वाले, उसको धन्य कहो! [21] हे यहोवा की सारी सेनाओ, हे उसके सेवको, हे उसकी इच्छा पूरी करने वाले, उसको धन्य कहो! [22] हे यहोवा की सारी सृष्टि, हे उसके राज्य के सब स्थानों में उसको धन्य कहो ; हे मेरे मन, यहोवा को धन्य कहो!

यह कितना शानदार भजन है! परमेश्वर हमारे पापों को क्षमा करते हैं, चाहे हमारे पाप कितने भी बड़े क्यों न हों। परमेश्वर मेरे परम चंगाईकर्ता हैं, विपत्ति के समय मेरी आशा हैं और मुझे अपने अटल प्रेम से घेरे रहते हैं और उकाब की तरह मेरी शक्ति को नवीनीकृत करते हैं। वह क्रोध करने में धीमे हैं, प्रेम से भरपूर हैं, मुझे मिलने वाले दंड के बजाय अनुग्रह प्रदान करते हैं, मेरे पापों को पूर्व से पश्चिम जितनी दूर तक क्षमा करते हैं।

हे प्रभु, आपने मुझे बहुत अनुग्रह और दया दी है। आपकी धार्मिकता शाश्वत है, स्वर्ग आपका सिंहासन है, पृथ्वी आपके चरणों की चौकी है, और आप सब पर शासन करते हैं। हे अब्बा पिता, मेरे बावजूद मेरे प्रति इतने दयालु होने के लिए धन्यवाद।

मुझे एक ऐसे असाधारण ईश्वर की आराधना करने का सौभाग्य प्राप्त है जो सामर्थ्य और अनंत प्रेम का उदाहरण है। राजाओं का राजा और सबके प्रभु!

अध्याय 10
विश्वास ने मुझे आगे बढ़ाया

कोविड के पतन के बाद, जीवन सामान्य हो गया। लोग बाहर निकलने लगे, रेस्टोरेंट फिर से खुल गए, मास्क पहनना बंद कर दिया गया और व्यवसायों ने फिर से काम करना शुरू कर दिया। कोविड-19 महामारी के दौरान जीने के अनुभव ने मुझे अनिश्चित समय में उत्पादक और लचीला बने रहने के महत्व की बहुमूल्य अंतर्दृष्टि प्रदान की है। हालाँकि बाहरी परिस्थितियाँ रातोंरात बदल सकती हैं, लेकिन ईश्वर का स्वरूप अपरिवर्तित रहता है। वह कल, आज और हमेशा एक जैसा है। हमारे सामने आने वाली चुनौतियों से निराश होने के बजाय, हमें उन्हें पूरी तरह से प्रभु के सामने समर्पित कर देना चाहिए। इस अनुभव के माध्यम से, मेरा ईश्वर में विश्वास और भरोसा बढ़ा है, और यह स्वीकार किया है कि स्वर्ग और पृथ्वी की सभी चीज़ों पर उनका प्रभुत्व है।

मेरा स्वास्थ्य बेहतर हो रहा था और रक्तस्राव या हृदय संबंधी कोई जटिलता नहीं थी। मैंने सफलतापूर्वक अपनी नियमित दिनचर्या फिर से शुरू कर दी थी और दोस्तों के साथ और कभी-कभी अकेले भी यात्रा करने लगा था। मैं भाग्यशाली था कि मेरे जीवन में एक उल्लेखनीय बदलाव आया, और मेरी पिछली स्वास्थ्य संबंधी चिंताएँ एक पुरानी याद बनकर रह गईं। शुक्र है कि मेरी उपचार प्रक्रिया पूरी तरह से नियमित रही है, और मैं उस समुदाय का आभारी हूँ जो मेरे प्रयासों का समर्थन करता है। मैंने अपने गृह कलीसिया में अधिक सक्रिय भूमिका निभाई, समूह गतिविधियों में भाग लिया और गृह समूह अध्ययन में शामिल हुआ। समुदाय का एक सक्रिय सदस्य होना एक सौभाग्य और आशीर्वाद है, जिसके परिणामस्वरूप स्थायी मित्रता और अपनेपन की भावना पैदा होती है। मैंने अपने समुदाय के साथ सार्थक संबंध विकसित किए हैं और मसीह की देह के एक मूलभूत अंग के रूप में उनके प्रति प्रतिबद्ध हूँ।

हर दिन, हमारे आस-पास चमत्कार घटित होते हैं, भले ही हम उन्हें पहचान न पाएँ। उनकी अदृश्यता उनकी वास्तविकता को नकार नहीं सकती। चमत्कारों के रचयिता, ईश्वर, रहस्यमय तरीकों से कार्य करते हैं जो

हमारी समझ, इच्छाओं, विश्वास और भक्ति से परे हैं। कई स्वास्थ्य चुनौतियों का अनुभव करने से मुझे परित्याग का एहसास नहीं हुआ है, बल्कि इससे मेरी सहनशक्ति और मज़बूत हुई है और ईसा मसीह में मेरा विश्वास और गहरा हुआ है। मुझे विश्वास है कि वह मेरे संघर्षों में मेरे साथ हैं, और मुझे उपचार और पुनर्प्राप्ति की ओर मार्गदर्शन कर रहे हैं।

जीवन भर, हम अनगिनत परीक्षाओं और चुनौतियों का सामना करते हैं जिनके लिए हमारे दृढ़ संकल्प और शक्ति की आवश्यकता होती है। जैसा कि मेरे पादरी, स्टीव विलबर्न, बहुत ही स्पष्ट रूप से कहते हैं, हमारी सांसारिक यात्रा आनंद और दुख दोनों से भरी होती है, जबकि स्वर्ग में, दुख और पीड़ा नहीं होती।

मुझे पिछली बार स्वास्थ्य समस्याएँ हुए दो साल हो गए थे, और मुझे लगा था कि मैं पूरी तरह स्वस्थ हूँ और कोई लक्षण नहीं दिख रहे हैं। लेकिन जून 2024 में मुझे तेज़ सिरदर्द हुआ, जिसके बारे में मैंने शुरू में सोचा कि यह कोई आम सिरदर्द है।

उस सुबह, मैं उठी तो मुझे बहुत उलझन महसूस हो रही थी और मुझे अपना कार्यक्रम याद रखने में दिक्कत हो रही थी, लेकिन मुझे पता था कि मुझे जोसेफिन से मिलना है, इसलिए मैंने उसे फ़ोन करके हमारी मुलाक़ात पक्की कर दी। सिरदर्द के बावजूद, मैं उसे लेने के लिए अपनी चचेरी बहन के कार्यस्थल पर गई। कार में इंतज़ार करते हुए, मेरा सिरदर्द और बढ़ गया, इसलिए जब वह आई, तो मैंने उससे अनुरोध किया कि वह मेरी दोस्त, एवलिन, जो एक पंजीकृत नर्स है, को बुलाए ताकि वह हमारे साथ कैसर परमानेंट के आपातकालीन कक्ष में जाँच के लिए आ सके। सौभाग्य से, एवलिन सहायता के लिए उपलब्ध थी और जल्दी पहुँच गई।

जैसे ही हम अस्पताल पहुँचे, मुझे याद है कि आपातकालीन विभाग में मरीज़ों की भीड़ थी, जिसकी वजह से जोसेफ़ीन और एवलिन मुझे आपातकालीन विभाग में ले गईं, जो उसी परिसर में था। मुझे साफ़-साफ़ याद है कि मुझे व्हीलचेयर पर लाया गया था, और उसके बाद से, घटनाओं की मेरी याददाश्त धुंधली हो गई है।

होश में आने पर, डॉक्टर ने मुझे बताया कि मेरे कई महत्वपूर्ण ऑपरेशन हुए हैं और मुझे आराम करने की सलाह दी है। मुझे अच्छी तरह याद है कि डॉक्टर ने बताया था कि मेरा सिर मुंडवा दिया गया है, जिसकी पुष्टि मैंने स्पर्श से की, जिससे मेरे गंजेपन का पता चला। इसके अलावा, डॉक्टर ने बताया कि मेरे मस्तिष्क की सर्जरी हुई है और उन्होंने मेरे सिर के दाहिनी ओर लेटने से बचने पर ज़ोर दिया क्योंकि मेरी खोपड़ी का एक हिस्सा निकाल दिया गया था। जो कुछ हुआ था, उसे जानकर मैं सदमे, दर्द और घोर निराशा से भर गया। हालाँकि मैं सतर्क था, फिर भी चिंता और भय ने मुझे बुरी तरह जकड़ लिया था; मैं भय से ग्रस्त था।

शुरुआती उलझन में, मुझे लगा कि मैं मर गया हूँ, लेकिन जल्द ही मुझे एहसास हुआ कि शायद यह एक सपना था। मुझे सर्जरी के दौरान उस अनजान व्यक्ति से हुई अपनी मुलाक़ात की अच्छी याद है। मैं एक ठंडी स्टेनलेस स्टील की मेज़ पर लेटा था, ठंड लग रही थी, और मेरे चारों ओर कुछ आकृतियाँ थीं, लेकिन अँधेरे के कारण मैं उनके चेहरे नहीं देख पा रहा था, जिससे ऐसा लग रहा था जैसे उन्होंने मुखौटे पहने हों। उनमें से कुछ तो किसी छुपे हुए इंसान जैसे लग रहे थे, जबकि कुछ लंबे-चौड़े लग रहे थे।

उनमें से एक ने कहा, "तुम्हारा काम हो गया," और मैंने जवाब दिया, "नहीं, मेरा काम नहीं हुआ।" उन्होंने जवाब दिया, "तुम अकेले हो। तुम्हारा काम हो गया!" मैंने जवाब दिया, "भगवान ने वादा किया है कि वह मुझे कभी नहीं छोड़ेंगे और न ही त्यागेंगे।" मुझे लगा जैसे वे मुझे डराने की कोशिश कर रहे थे। मैं शांत रहा और ऐसा लगा जैसे मुझमें उनके मन की बात पढ़ने की क्षमता है। वे उलझन में एक-दूसरे को देख रहे थे, मानो मेरी निडरता से हैरान हों। कुछ ने मुझे रोकने की कोशिश की, बार-बार कहते रहे, "तुमका काम हो गया!"

मुझे साफ़-साफ़ याद है कि मैंने कहा था, "यीशु के नाम पर, मेरे जीवन पर तुम्हारा कोई अधिकार नहीं है! मेरे जीवन पर तुम्हारा कोई प्रभाव नहीं है! मैं यीशु के लहू से सुरक्षित हूँ!" कुछ ही देर बाद, मुझे एहसास हुआ कि मैं बुरी शक्तियों को बाहर निकाल रहा हूँ! यीशु का नाम लेते ही, वे सब गायब

हो गई, और शायद उसी पल मैं ब्रेन सर्जरी से जागा। यह याद इतनी साफ़ थी कि मुझे हर छोटी-बड़ी बात याद है।

आपातकालीन कक्ष में जाने से पहले की घटनाओं को याद करने की कोशिश करते हुए, मेरे चचेरे भाई और दोस्त ने मुझे बताया कि रास्ते में ही मैं बेहोश हो गया था और मुझे तुरंत ब्रेन स्कैन के लिए भर्ती कराया गया। जाँच में मेरे मस्तिष्क में रक्तस्राव का पता चला, जिसके लिए तत्काल सर्जरी की आवश्यकता थी। दुर्भाग्य से, अस्पताल में न्यूरोसर्जिकल क्षमता का अभाव था, जिसके कारण मुझे एम्बुलेंस से किसी अन्य सुविधा में स्थानांतरित करना पड़ा। मेरे ब्रेन सर्जरी के लिए कैसर परमानेंट की एक अलग शाखा में जाते समय , जोसेफिन और एवलिन मेरी हालत को लेकर चिंतित थे, उन्हें यकीन नहीं था कि मैं बच पाऊँगा या नहीं।

एवलिन ने स्थिति को पूरी तरह से समझा और दोस्तों को फ़ोन करके प्रार्थना करने को कहा क्योंकि उसे मेरी आध्यात्मिक सहायता की सख़्त ज़रूरत का एहसास था। एवलिन को मैं अपनी सबसे भरोसेमंद दोस्तों में से एक मानती हूँ, जो हमेशा मदद के लिए तैयार रहती है, खासकर जब मुझे इसकी सबसे ज़्यादा ज़रूरत होती है। हम तीस साल से भी ज़्यादा समय से दोस्त हैं, हमारी पहली मुलाक़ात मास्को, रूस में दोस्तों के एक छोटे से समूह में हुई थी। इन वर्षों में हमारी दोस्ती काफ़ी गहरी हुई है, जिसमें हमने कई साझा अनुभव और रूस के अलग-अलग इलाकों की खोज, और दूसरे रोमांचक अनुभव शामिल हैं। पूर्व सोवियत संघ में हमने साथ बिताए पलों को संजोकर रखा था।

2016 से मेरी स्वास्थ्य यात्रा के दौरान, एवलिन एक विश्वसनीय साथी रही हैं, जिन्होंने मेरे चचेरे भाई-बहनों पाई और जोसेफिन की तरह अटूट सहयोग प्रदान किया है। काम पर अपनी रात की शिफ्ट के बाद, वह अपने प्यारे पति लिटो द्वारा तैयार किया गया आरामदायक भोजन लेकर अस्पताल में मुझसे मिलने आती थीं। वर्षों से हमारे बीच जो मज़बूत रिश्ता बना है, वह हमारे अटूट आपसी स्नेह का प्रमाण है।

पाई , एक मेडिकल डॉक्टर जो मेरी प्राथमिक आपातकालीन संपर्क के रूप में काम करती हैं, सर्जरी के दौरान मेरे सर्जन के साथ लगातार संपर्क में

रहीं। हालाँकि जब मैं प्रक्रिया से गुज़र रही थी, तब वे काम कर रही थीं, लेकिन सर्जन ने उन्हें हर चरण की जानकारी दी, जिससे मामले से परिचित होने के कारण उन्हें थोड़ी चिंता हुई। नतीजतन, उन्होंने मेरे भाई-बहनों से संपर्क किया ताकि किसी भी जटिलता की स्थिति में वे तैयार रहें।

अगली सुबह, पाई मेरी सर्जरी के बाद की स्थिति का आकलन करने के लिए अस्पताल आईं। वह मेरी संभावित सीमाओं को लेकर चिंतित थीं और सोच रही थीं कि क्या मैं उन्हें पहचान पाऊँगी और इस कठिन परीक्षा के बाद मुझे किन कमियों का सामना करना पड़ सकता है। उन्होंने मेरे मस्तिष्क और शारीरिक कार्यों में किसी प्रकार की कमी का आकलन करने के लिए एक न्यूरोलॉजिकल परीक्षण किया। चमत्कारिक रूप से, मेरी हालत में उल्लेखनीय रूप से तेज़ी से सुधार हुआ, बारह घंटों के भीतर मैं चलने, बोलने और स्वतंत्र रूप से भोजन करने में सक्षम हो गई। मेरी चचेरी बहन मेरी तीव्र प्रगति से चकित थीं और उन्हें बहुत राहत मिली, जबकि पिछली रात वे मेरी सर्जरी को लेकर चिंतित थीं।

मैंने भरपूर प्रार्थना की ज़रूरत को समझा और तुरंत अपने चर्च के दोस्तों, पादरियों और परिवार के साथ बातचीत शुरू कर दी। मेरी सर्जरी के दौरान, मेरी चचेरी बहन ने चर्च की एक प्यारी दोस्त महलीन को मेरी हालत के बारे में बताया और उनसे प्रार्थना करने का अनुरोध किया। फिर महलीन ने चर्च के कुछ और दोस्तों और हमारे एक पादरी से संपर्क करके मेरे लिए और प्रार्थना करने का अनुरोध किया।

मेरे दोस्त, अभिभावक देवदूतों की तरह, सर्जरी के दौरान मेरे प्यार और प्रार्थनाओं से घिरे रहे। मेरे ठीक होने में उनके अटूट समर्थन और विश्वास ने मेरा मनोबल बढ़ाया और मेरे सबसे नाज़ुक पलों में मुझे ताकत दी। हर प्रार्थना एक गर्मजोशी भरे आलिंगन की तरह महसूस हुई, जिसने मुझे आश्वस्त किया कि मैं अपनी यात्रा में अकेली नहीं हूँ। उनके दयालु शब्द और विचारशील भाव भले ही ऑपरेशन कक्ष में शारीरिक रूप से मेरे साथ न रहे हों, लेकिन उनकी प्रार्थनाएँ मेरे दिल में गहराई से महसूस की गईं, और मुझे आशा और उपचार की ओर ले गईं।

मेरी सर्जरी के अगले दिन, मैंने उनमें से कुछ को यह खबर बताने के लिए फ़ोन किया, मुझे नहीं पता था कि महलीन ने उनसे पहले संपर्क किया था। वे मुझे इतनी सहजता से बातचीत करते देखकर हैरान थे, मानो कुछ हुआ ही न हो। हालाँकि मेरी ब्रेन सर्जरी बहुत बड़ी थी, लेकिन ईश्वर का हर चीज़ पर प्रभुत्व है। जब मैं अपने जीवन पर विचार करता हूँ, तो मुझे अपने चारों ओर ईश्वर का डीएनए साफ़ दिखाई देता है। ये निर्विवाद चमत्कार और एक लंबी और चुनौतीपूर्ण ब्रेन सर्जरी से मेरी सफल रिकवरी, चिंतन करने के लिए एक गहन आशीर्वाद हैं। हो सकता है मुझे इन घटनाओं की पूरी समझ न रही हो, लेकिन मैं अपने जीवन पर नियंत्रण रखने के लिए प्रभु की स्तुति करता हूँ!

मत डर, क्योंकि मैं तेरे संग हूं; इधर उधर मत ताक, क्योंकि मैं तेरा परमेश्वर हूं। मैं तुझे दृढ़ करूंगा और तेरी सहायता करूंगा, अपने धर्ममय दाहिने हाथ से मैं तुझे सम्भाले रहूंगा। यशायाह 41:10

जब से मैं आस्तिक बना हूँ, यह श्लोक मेरा सहारा रहा है। यह हमारे लिए ईश्वर के असीम प्रेम और जीवन के उतार-चढ़ाव में हमारी मदद करने की उनकी अटूट प्रतिबद्धता की एक सशक्त याद दिलाता है। यह जानना कितना अद्भुत है कि हमारे पास एक प्रेममय पिता है जो हमारी अपूर्णताओं के बावजूद, शब्दों से परे हमसे प्रेम करता है? मुझे कभी-कभी अपनी कमियों पर शर्म आती है, फिर भी मेरे अब्बा मुझे बिना शर्त प्रेम से गले लगाते हैं।

डॉन मोएन—एक प्रसिद्ध आराधना नेता, कलाकार और संगीतकार—का गीत "आई एम द गॉड दैट हीलथ दे" मेरे मन में कौंध गया। इसने मुझे बहुत सांत्वना और शांति प्रदान की, मुझे याद दिलाया कि वह मेरे ईश्वर और मेरे उपचारक हैं। यह निर्गमन 15:26 पर आधारित एक गहन, सांत्वनादायक और विश्वास से भरा गीत है, जहाँ परमेश्वर स्वयं को यहोवा-राफा , अर्थात् चंगा करने वाले प्रभु के रूप में घोषित करते हैं। मेरी मित्र, फ्लोरा, और मैंने प्रार्थना से पहले कई अवसरों पर यह आराधना गीत गाया है। कभी-कभी, हम किसी भी क्षण प्रभु की महिमा करने के लिए इसे अनायास ही गा लेते हैं। यह गीत एक कोमल अनुस्मारक है कि ईश्वर हमारे

दर्द से दूर नहीं हैं। वह निकट हैं, उपस्थित हैं, और चंगा करने के लिए तत्पर हैं।

चुनौतीपूर्ण यात्रा के बावजूद, मैंने काफ़ी दर्द सहा, जिसे मेरे डॉक्टर ने मॉर्फिन IV देकर कम किया, जिससे मुझे राहत मिली। मेरे ठीक होने के दौरान, कई बार दर्द असहनीय लगता था। मॉर्फिन मेरे लिए जीवन रेखा बन गई, जिसने मुझे उन मुश्किल दिनों में ज़रूरी राहत दी। मुझे याद है कि मैं मज़ाक में इसे अपना "नया सबसे अच्छा दोस्त" कहता था क्योंकि इससे मुझे आराम मिलता था और ताकत मिलती थी। लेकिन उन पलों में भी, मुझे पता था कि असली इलाज सिर्फ़ शारीरिक नहीं, बल्कि आध्यात्मिक होता है।

ठीक होना आसान नहीं था। दर्द और चुनौतियाँ तो आईं ही, साथ ही ईश्वर की कृपा भी। मैंने पाया कि मैं पहले से कहीं ज़्यादा उन पर निर्भर हो गई हूँ, उनकी योजना और समय पर भरोसा कर रही हूँ। हर छोटी जीत, हर पल की चिकित्सा, उनकी भलाई की याद दिलाती थी। मैं उनकी दया और प्रेम का जीता जागता सबूत हूँ। इस यात्रा ने मुझे याद दिलाया है कि हमारे सबसे कमज़ोर पलों में भी, वही हमारी सबसे बड़ी ताकत हैं।

जो मुझे सामर्थ देता है उस में मैं सब कुछ कर सकता हूँ। फिलिप्पियों 4:13

यह श्लोक विपत्ति के समय में परमेश्वर की शक्ति पर भरोसा रखने पर ज़ोर देता है। मेरा हृदय उस परमेश्वर की स्तुति से उमड़ पड़ता है जिसने मुझे घाटी से निकालकर प्रकाश में पहुँचाया।

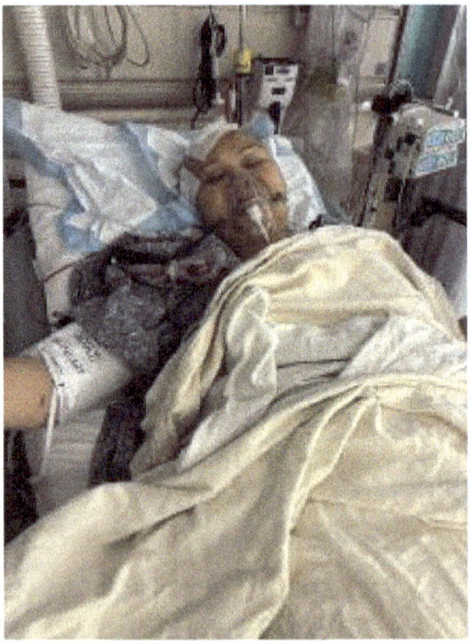

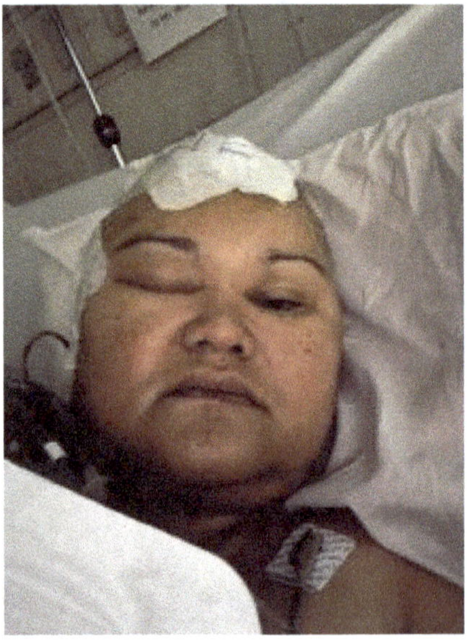

अध्याय 11
न्यूरो इंटेंसिव केयर यूनिट में स्वास्थ्य लाभ

न्यूरो आईसीयू में रहने के दौरान , मुझे अपनी रिकवरी सही दिशा में करने के लिए फिजिकल और ऑक्यूपेशनल थेरेपी सेशन से गुज़रना पड़ा। शुरुआत में, यह चुनौतीपूर्ण था, लेकिन मुझे पता था कि अपनी ताकत और आज़ादी वापस पाने के लिए यह ज़रूरी है। हर सेशन मुझे याद दिलाता था कि मेरे शरीर ने कितनी मुश्किलें झेली हैं, और साथ ही यह भी कि वह कितना लचीला है। थेरेपिस्ट धैर्यवान और उत्साहवर्धक थे, और मुझे ऐसे व्यायाम करवा रहे थे जिनसे मुझे हिलने-डुलने, संतुलन बनाने और समन्वय वापस पाने में मदद मिल सके। छोटी-छोटी हरकतें भी जीत जैसी लगती थीं। ये सेशन सिर्फ़ शारीरिक उपचार के बारे में नहीं थे; ये मेरे शरीर पर फिर से भरोसा करना सीखने के बारे में थे।

पीछे मुड़कर देखता हूँ तो मैं उस समय के लिए आभारी हूँ। वह मुश्किल था, लेकिन इसने मुझे दिखाया कि मैं सचमुच कितनी मज़बूत हूँ और कैसे ईश्वर हर कदम पर मेरे साथ थे। मैं अपनी दोस्तों, पिंकी और अन्ना, का ख़ास तौर पर आभारी हूँ, जो व्यावसायिक चिकित्सक हैं। मैं उन्हें लगभग पच्चीस सालों से जानता हूँ, और समय के साथ, हमारे बीच एक गहरी दोस्ती हो गई है। जब वे अस्पताल में मुझसे मिलने आईं, तो यह सिर्फ़ एक दोस्ताना मुलाक़ात से कहीं बढ़कर थी; उन्होंने अपनी विशेषज्ञता का इस्तेमाल करके मुझे बिस्तर पर लेटे हुए पैरों में ऐंठन और खून के थक्कों से बचने के तरीके सिखाए।

उनकी दयालुता और ज्ञान ने मुझे मुश्किल समय में सांत्वना और आश्वासन दिया। उनका आना मेरे लिए बहुत मायने रखता था, उन्होंने मुझे याद दिलाया कि मुश्किल समय में भी, ईश्वर मेरे जीवन में सही लोगों को मेरा साथ देने और मुझे ऊपर उठाने के लिए भेजता है। मैं उनकी दोस्ती के लिए सचमुच आभारी हूँ, जो वर्षों से कायम है और मेरे जीवन में एक आशीर्वाद बनी हुई है।

क्रेनिएक्टोमी क्या है ?

क्लीवलैंड क्लिनिक के अनुसार:

" क्रेनियोएक्टोमी एक प्रकार की बड़ी मस्तिष्क सर्जरी है जिसमें सर्जन आपके मस्तिष्क तक पहुँचने के लिए आपकी खोपड़ी का एक हिस्सा हटा देता है । इस प्रक्रिया के दौरान आपका सर्जन आपकी खोपड़ी को प्रतिस्थापित नहीं करता है। इसके बाद एक और प्रक्रिया होती है जिसे क्रेनियोप्लास्टी कहा जाता है।" आपकी खोपड़ी के हटाए गए टुकड़े को किसी अन्य समय में प्रतिस्थापित कर देता है।

" क्रेनियोक्टॉमी के बाद , आपको एक गहन चिकित्सा इकाई में ले जाया जाएगा। आपकी देखभाल टीम आपके महत्वपूर्ण संकेतों और आपके मस्तिष्क में किसी भी रक्तस्राव या सूजन की निगरानी करेगी। चूँकि आपका सर्जन आपकी खोपड़ी के उस हिस्से को नहीं बदलेगा जिसे उन्होंने सर्जरी के दौरान हटाया था, इसलिए आपको अपने मस्तिष्क को चोट से बचाने के लिए हेलमेट पहनना होगा।" [6]

हेलमेट की वजह से मुझे असुविधा हुई और मेरी बगल की दृष्टि कमज़ोर हो गई। हालाँकि यह ज़रूरी था, लेकिन इसने मेरी गतिशीलता को सीमित कर दिया। चूँकि मैं मॉर्फ़ीन ले रहा था, इसलिए मुझे उठने के लिए देखभाल टीम की मदद की ज़रूरत पड़ी। सर्जरी के बाद, मैंने कड़ी निगरानी और उचित स्वास्थ्य लाभ के लिए लगभग तीन हफ़्ते गहन चिकित्सा इकाई में बिताए। कुछ दिनों में, भावनात्मक तनाव और तेज़ दर्द ने मुझे हार मानने पर मजबूर कर दिया, लेकिन जैसे-जैसे दिन बीतते गए, मैंने अपना ध्यान अपनी समग्र भलाई और आस्था पर केंद्रित कर लिया।

कुछ दिन, मुझे ऐसा लगा जैसे मैं पूरी तरह से टूट गया हूँ, मानो टूटे हुए काँच बिखर गए हों, जिससे टुकड़ों को वापस जोड़ना नामुमकिन हो गया था। निराशा के उन पलों में, मैंने सांत्वना के लिए प्रभु की ओर रुख किया, उनसे बात की और उनसे दिव्य सहायता की प्रार्थना की। मेरे सिर का एक हिस्सा गायब होने का विचार ही भयावह था। मैं खुद को भाग्यशाली मानता था कि मुझे एक देखभाल करने वाली और सहयोगी टीम मिली, जहाँ सभी ने गर्मजोशी और पेशेवर व्यवहार दिखाया। डॉ. रूडी शार्नवेबर , एक असाधारण सर्जन, मेरे पूरे इलाज के दौरान बेहद सहयोगी रहे। उन्होंने

सुनिश्चित किया कि मुझे सर्वोत्तम संभव देखभाल मिले, मेरे स्वास्थ्य लाभ पर बारीकी से नज़र रखी और नियमित रूप से मेरी स्थिति की जाँच की।

मुझे कोर चर्च परिवार का हिस्सा बनने का सौभाग्य मिला, और हमारे वरिष्ठ पादरी, स्टीव विलबर्न ने तीनों रविवार की प्रार्थनाओं के दौरान कलीसिया के साथ मेरी स्थिति साझा की। उन्होंने मेरे स्वास्थ्य लाभ के लिए प्रार्थना करने का अनुरोध किया, और पूरी कलीसिया ने उनकी प्रार्थना स्वीकार की। मेरे गृह समूह बाइबल अध्ययन—जिसका नेतृत्व पादरी केविन फेरेरी और उनकी पत्नी कैरोलीन कर रहे थे—और अन्य बाइबल अध्ययन समूहों ने लगातार मेरे लिए प्रार्थनाएँ कीं। पादरी केविन और कैरोलीन कई बार अस्पताल में मुझसे मिलने आए और मेरे स्वास्थ्य लाभ और स्वास्थ्य लाभ के लिए प्रार्थनाएँ कीं।

प्रार्थना की परिवर्तनकारी शक्ति स्पष्ट है! मैं उन मित्रों का आभारी हूँ जिन्होंने मेरे साथ दूर से और अस्पताल में आने के दौरान भी, धर्मग्रंथों का पाठ और प्रार्थनाएँ साझा कीं। मेरी मित्र, मिशेल, कई बार अस्पताल में मुझसे मिलने आईं, और मैंने इस अवसर का लाभ उठाकर उनसे भजन संहिता की पुस्तक पढ़ने के लिए कहा क्योंकि मुझे उसे ज़ोर से पढ़कर सुकून मिलता था। शाम को, मिशेल मुझे फ़ोन करती थीं ताकि हम उनके भजन पाठ को जारी रख सकें। मुझे एक अद्‌भुत सहायता प्रणाली का आशीर्वाद मिला है। मेरे पादरी और उनके जीवनसाथी, मसीह में भाई-बहन, रिश्तेदार और मित्र मेरे अस्पताल प्रवास के दौरान मुझे प्यार और आध्यात्मिक मार्गदर्शन देते रहे, मेरे शीघ्र स्वस्थ होने और निरंतर उपचार के लिए प्रार्थना करते रहे।

इस अनुभव ने मसीह के शरीर के बारे में मेरी समझ को और गहरा किया है और ईश्वरीय हस्तक्षेप में मेरे विश्वास को और मज़बूत किया है। एक आस्तिक होने के नाते, मृत्यु की अवधारणा मेरे लिए कोई भय नहीं रखती। शरीर में अनुपस्थित होना, प्रभु में उपस्थित होना है।

परन्तु हम तो निडर होकर देह से अलग होकर प्रभु के साथ रहना और भी उत्तम समझते हैं। 2 कुरिन्थियों 5:8

मैं तैयार हूँ, उत्साहित हूँ, और जब परमेश्वर द्वारा नियत समय आएगा, तब मैं हमेशा तैयार रहूँगा। मेरे जीवन के रचयिता होने के नाते, प्रभु का अंतिम निर्णय है, और मुझे उनकी इच्छा पर भरोसा है। मैं स्वयं को स्वर्ग में कल्पना करता हूँ, यीशु के चरणों में बैठने और उनकी बातें सुनने के लिए उत्सुक, जैसे मरथा की बहन मरियम और यीशु से प्रेम करने वाले लाज़र ने सुनी थीं। प्रभु यीशु द्वारा बचाए गए सभी लोगों से मिलने की संभावना मुझे उत्साहित करती है, और मैं अपने पसंदीदा बाइबिल पात्रों से मिलने की खुशी के बारे में सोचता हूँ।

मैं राजा दाऊद के साथ भोजन करने और भजन संहिता की पुस्तक में उनकी भावपूर्ण प्रार्थनाओं के बारे में पूछताछ करने की कल्पना करता हूँ। बाइबल के मेरे सबसे प्रशंसित पात्रों— जिनमें रूत, नाओमी, रानी एस्तेर, आदम, हव्वा, नूह, यूसुफ, अब्राहम, भविष्यवक्ता एलिय्याह, दानिय्येल, छोटे भविष्यवक्ता, प्रेरित पौलुस, ग्यारह शिष्य, नए नियम की महिलाएँ, और ऐसी ही और भी कई चीज़ें शामिल हैं—से मिलने की संभावना सचमुच रोमांचकारी है।

एक आस्तिक होने के नाते, मुझे लगता है कि उनकी कहानियों से खुद को परिचित करना ज़रूरी है, जो हमारे लाभ के लिए दर्ज की गई हैं। यह ज्ञान हमें परलोक में उनके साथ सार्थक बातचीत करने में सक्षम बनाएगा, जहाँ हमारे पास सभी से जुड़ने के लिए पर्याप्त समय होगा। वास्तव में, ये मुलाकातें सचमुच असाधारण और चिरस्थायी होंगी।

और मैं तुम से कहता हूँ कि बहुत से लोग पूर्व और पश्चिम से आकर अब्राहम और इसहाक और याकूब के साथ स्वर्ग के राज्य में बैठेंगे। मत्ती 8:11

स्वर्ग का राज्य हमें उन लोगों से रूबरू कराएगा जो हमसे पहले गुज़र चुके हैं। उस आनंद की कल्पना कीजिए! बचाए गए लोगों को उन लोगों के साथ दिव्य भोज में शामिल होने का सौभाग्य प्राप्त होगा जो पहले गुज़र चुके हैं। कल्पना कीजिए कि आप यीशु के साथ स्वर्गीय भोज की मेज़ पर विराजमान हैं और अनंत काल तक परमेश्वर के शांत सौंदर्य के राज्य का आनंद ले रहे हैं।

गहन चिकित्सा इकाई में बिताया गया मेरा समय एक विनम्र अनुभव था। देखभाल टीम का सहयोग अद्भुत था, जिससे मेरा प्रवास आरामदायक रहा। दोस्त और परिवार के लोग नियमित रूप से आते थे, देखभाल टीम के लिए खाना और यहाँ तक कि चॉकलेट के डिब्बे भी लाते थे। मैंने देखा कि न्यूरो गहन चिकित्सा इकाई का तल न केवल मेरे लिए, बल्कि हल्के लक्षणों वाले अन्य रोगियों के लिए भी चुनौतीपूर्ण था। विभिन्न कमरों से आने वाली आवाज़ें ध्यान देने योग्य थीं, जिनमें रोने की आवाज़, मदद के लिए पुकार, और कभी-कभी गालियाँ भी शामिल थीं।

हालाँकि मैं अपनी गतिशीलता संबंधी सीमाओं के कारण अन्य मरीज़ों की शारीरिक जाँच नहीं कर पा रहा था, फिर भी मैंने अपने बिस्तर से ही प्रार्थना की। इस अनुभव ने मुझे यह एहसास दिलाया कि ऐसी परिस्थितियों में, लोग अक्सर असहाय महसूस करते हैं और अपने दर्द और अकेलेपन से अभिभूत हो जाते हैं। परिवार और दोस्तों का नैतिक समर्थन बेहद ज़रूरी है। मैं भाग्यशाली था कि मुझे अपनी पूरी यात्रा में एक सहयोगी समुदाय मिला। हालाँकि, कुछ मरीज़ों के पास सहायता प्रणाली का अभाव होता है, जो उन्हें अलग-थलग कर सकता है।

जब मेरी दोस्त विकी और मेलानी मेरे पास आईं और मेरा हाथ थामा, तो मुझे सुकून मिला। कभी-कभी, किसी दोस्त की मौजूदगी और कोमल स्पर्श अविश्वसनीय रूप से आश्वस्त करने वाला हो सकता है और चुनौतीपूर्ण परिस्थितियों में व्यक्ति के दृष्टिकोण को बेहतर बनाने में मदद कर सकता है। जब मेरी दोस्त महलीन और वॉवी आईं, तो उन्होंने मेरी याददाश्त का आकलन किया। महलीन ने मुझे खाना खिलाने में मदद की, जबकि वॉवी ने मेरी सटीकता का आकलन करने के लिए बाइबल से जुड़े सामान्य ज्ञान के प्रश्न पूछे। मैंने अद्भुत स्मरण शक्ति दिखाई, सर्जरी के केवल तीन दिन बाद ही मैंने ज़्यादातर सवालों के सही जवाब दिए।

मैं अपने परिवार और दोस्तों के अटूट समर्थन और प्यार के लिए बेहद आभारी हूँ, जो मुझे दुनिया को दया, करुणा और कर्म के नज़रिए से देखने में सक्षम बनाता है। मैंने उन लोगों के जीवन में मानवीय संबंधों की महत्वपूर्ण भूमिका को समझा है जिन्होंने आघात का अनुभव किया है, जिनमें मैं भी

शामिल हूँ। मैं ज़रूरतमंद लोगों को सांत्वना, प्रार्थना और प्रोत्साहन देने के लिए प्रेरित हूँ।

अस्पताल में सेवा करना मेरा एक जुनून है जिसे मैं अपनी शारीरिक और भावनात्मक सेहत वापस पाने के बाद भी जारी रखना चाहता हूँ। अपने प्रवास के दौरान मेरी मुलाक़ात एक दयालु पादरी से हुई, जिन्होंने मरीज़ों के लिए प्रार्थनाएँ कीं और उन्हें प्रोत्साहित किया। मैंने इस सेवा में भाग लेने में रुचि दिखाई और पादरी से पूछा कि मैं इसमें कैसे शामिल हो सकता हूँ। पादरी ने मुझे सलाह दी कि मैं अपनी रिकवरी को प्राथमिकता दूँ और जब भी संभव हो, सेवा की ज़रूरतों के बारे में अपने पादरी से सलाह लूँ।

भजन 139
मनुष्य के बारे में परमेश्वर का पूर्ण ज्ञान

(एनकेजेवी)

[1] *हे यहोवा, तू ने मुझे जांचकर जान लिया है। [2] तू मेरा उठना-बैठना*
जानता है; और मेरे विचारों को दूर ही से समझ लेता है। 3 तू मेरा चलना-
लेटना जानता है, और मेरे पूरे चालचलन का भेद जानता है। [4] क्योंकि मेरे
मुंह में एक भी वचन नहीं है, परन्तु हे यहोवा, देख, तू तो सब कुछ जानता
है। [5] तू ने मुझे आगे पीछे घेरा है, और अपना हाथ मुझ पर रखे है। [6] यह ज्ञान
मेरे लिये बहुत कठिन है; यह इतना ऊंचा है कि मैं इसे प्राप्त नहीं कर सकता।

7 मैं तेरे आत्मा से दूर होकर किधर जाऊं? या *तेरे सम्मुख से किधर भागूं? [8] यदि मैं*
स्वर्ग पर चढ़ूं, तो तू वहां है; यदि मैं अपना बिछौना अधोलोक में बिछाऊं,
तो देख, तू वहां भी है। [9] यदि मैं भोर के पंख धरकर समुद्र की छोर पर जा
बसूं, [10] तो वहां भी तेरा हाथ मेरी अगुवाई करेगा, और तेरा दाहिना हाथ
मुझे थामे रहेगा। [11] यदि मैं कहूं, कि निश्चय अन्धकार मुझ पर छा जाएगा,
तो रात भी मेरे चारों ओर उजियाला होगी; [12] निश्चय अन्धकार तुझ से न
छिपेगा, परन्तु रात दिन के समान चमकती है; अन्धकार और उजियाला
दोनों तेरे लिये एक समान हैं।

[13] *क्योंकि तू ने मेरे मन को रचा है, और मेरी माता के गर्भ में तू ने मुझे*
रचा है। [14] मैं तेरा धन्यवाद करूंगा, क्योंकि मैं भयानक और अद्भुत रीति से
रचा गया हूं। तेरे काम आश्चर्य के हैं, और मैं इसे भली भांति जानता हूं। [15]
मेरी हड्डियां तुझ से छिपी न थीं, जब मैं गुप्त में रचा गया, और पृथ्वी की
गहराई में रचा गया, [16] तब तेरी आंखों ने मेरे स्वरूप को देखा, जब मैं अभी
तक बना नहीं था। और वे सब तेरी पुस्तक में लिखे हुए थे, अर्थात् मेरे लिये
दिन दिन गढ़े गए, जब उनमें से कोई भी अभी तक बना नहीं था।

[17] हे परमेश्वर, *तेरे विचार मेरे लिये कितने अनमोल हैं! उनका योग कितना*
बड़ा है! [18] यदि मैं उनको गिनूँ, तो उनकी संख्या रेत के किनकों से भी अधिक
होगी। जब मैं जागता हूँ, तब भी मैं तेरे साथ हूँ।

19 हे परमेश्वर, भला होता कि तू दुष्टों को मार डालता! हे हत्यारों, मेरे
पास से चले जाओ! 20 क्योंकि वे तेरे विरुद्ध दुष्टता की बातें कहते हैं। तेरे शत्रु
तेरा नाम व्यर्थ लेते हैं। 21 हे यहोवा, क्या मैं उन से बैर न रखूं जो तुझ से बैर
रखते हैं? और क्या मैं उन से घृणा न रखूं जो तेरे विरुद्ध बलवा करते हैं?
22 मैं उन से पूर्ण बैर रखता हूं, और मैं उन्हें अपना शत्रु मानता हूं।

23 हे परमेश्वर, मुझे जांचकर जान ले! मुझे परखकर मेरी चिन्ता जान
ले! 24 और देख कि मुझ में कोई बुरी चाल है कि नहीं! और अनन्त के मार्ग में
मेरी अगुवाई कर!

भजन 139 हमें इस बात की गहन याद दिलाता है कि हमें गहराई से जाना जाता है, बिना किसी शर्त के प्यार किया जाता है, और एक उद्देश्य के साथ रचा गया है, क्योंकि हम भय और आश्चर्य से रचे गए हैं। ईश्वरीय प्रेम की यह अभिव्यक्ति मानवता के प्रति ईश्वर के प्रेम की सबसे गहन और अंतरंग पुष्टि है।

आपके अटूट प्रेम के लिए कृतज्ञ हूँ । हालाँकि मेरे जीवन की परिस्थितियाँ मुझे चकमा दे सकती हैं, फिर भी मैं आपकी निरंतर उपस्थिति को स्वीकार करता हूँ। भय और एकाकीपन के क्षणों में, आपकी उपस्थिति मुझे सांत्वना देती है, मेरी कमज़ोरियों को स्वीकार करती है और आपके प्रेम और धार्मिकता को प्रकट करती है।

अध्याय 12:
सुधार की एक लंबी राह

छुट्टी मिलने पर, मुझे एक देखभालकर्ता की ज़रूरत का एहसास हुआ। मेरे भाई-बहनों से भौगोलिक दूरी के कारण, अस्थायी रूप से साथ रहना मुश्किल था, और देखभालकर्ता को नियुक्त करने में काफ़ी खर्चा आता। सौभाग्य से, मेरे चर्च के दोस्तों ने ईश्वरीय मार्गदर्शन और सहायता के लिए प्रार्थना की। मेरी प्रिय मित्र, फ्लोरा, एक नाइजीरियाई रूसी महिला, जो प्रभु की सेवा में समर्पित है और वर्तमान में बोस्टन, मैसाचुसेट्स में रहती है, ने मेरे अनुरोध का तुरंत जवाब दिया और अमूल्य सहायता प्रदान की।

फ्लोरा और मेरी मुलाकात पच्चीस साल पहले मॉस्को के एक चर्च में हुई थी, जहाँ हम इंटरनेशनल क्रिश्चियन असेंबली में आराधना सेवा में शामिल थे। हम युवा और जीवंत थे, प्रभु के साथ अपनी यात्रा का आनंद लेते हुए, सड़कों, मेट्रो और बसों सहित विभिन्न स्थानों पर रूसी लोगों को गवाही देते हुए, पर्चे बाँटते हुए। हालाँकि मेरी रूसी भाषा की जानकारी सीमित थी, फिर भी मैं स्थानीय लोगों के साथ साझा कर पाता था। मुझे रूस से गहरा लगाव है, क्योंकि मैंने वहाँ छह सर्दियाँ बिताई हैं। हम दोनों को चर्च में और मॉस्को की सड़कों पर आराधना गीत गाने में मज़ा आता था।

किसने सोचा होगा कि इतने सालों बाद भी हम एक-दूसरे से जुड़े रहेंगे और एक-दूसरे की मदद करेंगे। हमारे जीवन में ऐसे लोगों का होना वाकई एक आशीर्वाद है जो सालों से हमारे साथ हैं। हम सभी को अपने जीवन में एक फ्लोरा की ज़रूरत होती है, एक ऐसा दोस्त जो ज़रूरत पड़ने पर मदद के लिए तैयार रहे और ज़रूरत के समय में हमारी मदद के लिए देश भर में यात्रा करने को तैयार रहे।

फ्लोरा एक बहुत ही मददगार और एक वफ़ादार दोस्त थी, जो आगे चलकर मेरी मुख्य समर्थक बन गई। उसने मेरे अपार्टमेंट को मेरी सुरक्षा को प्राथमिकता देते हुए व्यवस्थित करने में अहम भूमिका निभाई और मेरे लिए एक सुरक्षित और स्वागत योग्य माहौल बनाने के लिए, खाने की डिलीवरी और ज़रूरी सामान जुटाने जैसे कामों में मदद करने के लिए तैयार दोस्तों से

संपर्क बनाने में मदद की। मेरे कोर चर्च समुदाय ने मुझे अद्भुत सहयोग दिया, सफाई, व्यवस्था और अपार्टमेंट की मरम्मत में मदद करके मेरी ज़रूरतों को पूरा किया, और अंततः एक सुरक्षित, आरामदायक और शांतिपूर्ण रहने की जगह बनाई।

ईश्वर की दया की कोई सीमा नहीं है। वह मेरा निरंतर भरण-पोषण करता है और हमेशा से मेरी हर चीज़ का स्रोत रहा है। उसकी दया और अनुग्रह हर सुबह नया होता है और उसका प्रेम सदा बना रहता है।

एक समय था जब अनिश्चितता मेरे जीवन पर भारी पड़ रही थी। लंबे समय तक बेरोज़गारी का बोझ, और साथ ही अपनी रिकवरी पर ध्यान केंद्रित करने की ज़रूरत, हर दिन को एक कठिन संघर्ष जैसा बना रहा था। इन चुनौतियों से जूझते हुए, मैंने पाया कि मैं न केवल विश्वास पर, बल्कि अपने आस-पास के लोगों की दया पर भी निर्भर था, जिनमें से कुछ से मैंने कभी उम्मीद भी नहीं की थी कि वे आगे आएँगे।

यह सब एक साधारण सी उदारता से शुरू हुआ। मेरे पूर्व नियोक्ताओं ने, मेरी कठिनाइयों को समझते हुए, मेरे लिए धन जुटाने का एक प्रयास आयोजित करने का बीड़ा उठाया। पहले तो मैं बहुत अभिभूत हो गया। मदद स्वीकार करना मेरे लिए कभी आसान नहीं था, लेकिन जब मैंने दान आते देखा, हर एक दान मेरे लिए एक ठोस चिंता का प्रतीक था, तो मुझे एहसास हुआ कि यह सिर्फ़ आर्थिक मदद से कहीं बढ़कर है। यह एक जीवन रेखा थी, उन लोगों की दयालुता का प्रमाण जिन्होंने मेरे संघर्ष को देखा और बदलाव लाने का फैसला किया। परिवार, दोस्त, पूर्व नियोक्ता, और यहाँ तक कि उनके दोस्त भी मदद के लिए आगे आए। कुछ ने जितना हो सका, दिया, तो कुछ ने प्रोत्साहन के शब्द और प्रार्थनाएँ दीं।

प्रत्येक योगदान, चाहे वह कितना भी बड़ा क्यों न हो, अपने साथ एक संदेश लेकर आता है: आप अकेले नहीं हैं।

उनकी उदारता से, वह बोझ जो कभी असहनीय लगता था, अब हल्का होने लगा। आर्थिक तंगी का तनाव अब मेरे स्वास्थ्य लाभ पर हावी नहीं रहा, जिससे मैं उपचार पर ध्यान केंद्रित कर सका। इससे भी बढ़कर, इसने समुदाय की शक्ति में मेरा विश्वास फिर से जगाया, यह विचार कि जब हममें

से कोई लड़खड़ाता है, तो दूसरे हमें सहारा देने के लिए मौजूद होते हैं। पीछे मुड़कर देखता हूँ, तो उस समय मुझे जो प्यार और दया मिली, उससे मैं बहुत अभिभूत हूँ। जो एक धन उगाहने वाले अभियान से शुरू हुआ था, वह अब कहीं अधिक बड़ा हो गया है; यह एक अनुस्मारक बन गया है कि सबसे कठिन क्षणों में भी, परवाह करने वाले लोगों में प्रकाश पाया जा सकता है। मैं मदद के लिए आगे आए उन हाथों का हमेशा आभारी रहूँगा, और मैं प्रार्थना करता हूँ कि उनमें से प्रत्येक को उनके द्वारा दिखाई गई दयालुता के समान ही प्रचुर आशीर्वाद प्राप्त हों।

अपनी छुट्टी की तैयारी करते हुए, मैं घर लौटने का बेसब्री से इंतज़ार कर रही थी, जहाँ मैं अपनी रोज़मर्रा की दिनचर्या फिर से शुरू कर सकूँगी, जिसमें नहाना और अपने बिस्तर पर सोना भी शामिल है। अपनी आज़ादी वापस पाने और अस्पताल में रहने के दौरान प्रतिबंधित गतिविधियों को करने की आज़ादी का विचार एक सुखद आशीर्वाद था। मैं फ्लोरा के साथ समय बिताने के लिए भी उत्सुक थी क्योंकि वह मेरे छुट्टी वाले दिन आने वाली थी।

घर आकर और आखिरकार अपने बिस्तर पर सोकर कितना अच्छा लगा! अस्पताल में लगभग तीन हफ़्ते बिताने के बाद, अपने बिस्तर का आराम किसी सपने जैसा लग रहा था। मेरे तकियों की कोमलता, मेरे कम्बलों की जानी-पहचानी गर्माहट और मेरे कमरे का शांत सन्नाटा, ये वो तोहफ़े थे जिनकी मैं हमेशा कद्र करती रहूँगी। वो हफ़्ते मेरे जीवन के सबसे चुनौतीपूर्ण समय थे। हर दिन मेरे साथ भावनाओं, डर, उम्मीद, निराशा और कृतज्ञता का मिश्रण लेकर आया। ऐसे पल भी आए जब मैंने सोचा कि क्या मैं कभी फिर से सामान्य महसूस कर पाऊँगी, लेकिन साथ ही कुछ उम्मीद की किरणें भी थीं: नर्सों के प्यार भरे शब्द, अपनों के संदेश, और मेरे ठीक होने की जीत।

लेकिन जैसे ही मैं अपने बिस्तर पर लेटी, मैं आखिरकार साँस ले सकी। ऐसा लगा जैसे उन हफ़्तों का बोझ उतर गया हो, और मुझे याद आया कि एक ऐसी जगह होना कितना अनमोल है जिसे घर कहा जा सके। घर होना सिर्फ़ एक जानी-पहचानी जगह में होने से कहीं बढ़कर था; यह ठीक होने

की उम्मीद, दिनचर्या का सुकून और एक नए अध्याय की शुरुआत थी। हालाँकि मुझे पता था कि सफ़र अभी खत्म नहीं हुआ है, मैं आखिरकार वहीं पहुँच गई जहाँ मेरा होना चाहिए था, प्यार और आने वाले बेहतर दिनों के वादे से घिरी हुई।

हर दिन, मैंने एक नई दिनचर्या शुरू की: अपनी रिकवरी के एक हिस्से के रूप में आस-पड़ोस में घूमना। यह एक साधारण सी बात थी, लेकिन अस्पताल में लगभग तीन हफ़्ते बिताने के बाद, यह एक बहुत बड़ी बात लग रही थी। हाथ में छड़ी और फ्लोरा को साथ लिए, मैं हर कदम धीरे-धीरे और सोच-समझकर उठा रहा था, हर हरकत में मेहनत और कृतज्ञता दोनों महसूस कर रहा था। हवा ज़्यादा ताज़ी लग रही थी, आसमान कुछ ज़्यादा नीला लग रहा था, और जानी-पहचानी सड़कें मेरे हर कदम के साथ हौसला बढ़ाने वाली लग रही थीं। मुझे याद आ रहा था कि मैं कितनी दूर आ गया हूँ। कुछ हफ़्ते पहले, मैं बहुत बुरी हालत में था, लेकिन मैं वहीं था, एक-एक कदम आगे बढ़ रहा था।

मैं फ्लोरा के सहयोग के लिए बहुत आभारी हूँ। वह धैर्यपूर्वक मेरे साथ चली, हर कदम पर मेरा उत्साहवर्धन करती रही। उसकी उपस्थिति ने मुझे याद दिलाया कि उपचार कोई ऐसी चीज़ नहीं है जो मुझे अकेले करनी है। मेरे साथ किसी के होने से हर सैर सिर्फ़ एक व्यायाम नहीं, बल्कि प्रगति का उत्सव बन गई। वे सैरें सिर्फ़ एक शारीरिक उपचार से कहीं बढ़कर थीं; वे रोज़ाना लचीलेपन, कृतज्ञता और उस शक्ति की याद दिलाती थीं जो विश्वास और दोस्तों, दोनों पर निर्भर रहने से मिलती है। उन्होंने मुझे याद दिलाया कि ठीक होने के दौर में भी, छोटी-छोटी जीतों में भी सुंदरता होती है।

हमारी रात की प्रार्थनाओं के दौरान कई पल ऐसे भी आए जब मैं खुद को रोने से नहीं रोक पाई। जैसे ही फ्लोरा और मैंने ईश्वर के सामने अपने दिल की बात रखी, मेरे अंदर एक गहरा डर उमड़ता हुआ महसूस हुआ, यह डर कि जब उसे बोस्टन लौटना होगा तो कैसा होगा। फिर से अकेले होने का ख़याल ही मुझे भारी लग रहा था, और मैं सोच रही थी कि उसकी स्थिर उपस्थिति के बिना मैं कैसे गुज़ारा कर पाऊँगी। उन पलों में, फ्लोरा के

दिलासा देने वाले शब्दों और प्रार्थनाओं ने मुझे याद दिलाया कि मैं कभी भी सचमुच अकेली नहीं थी। जब भी डर ने मुझे जकड़ लिया, मैंने ईश्वर के इस वादे पर भरोसा रखने की कोशिश की कि वह मुझे कभी नहीं छोड़ेगा और न ही त्यागेगा। यह आसान नहीं था, लेकिन मुझे पता था कि मुझे भरोसा रखना होगा कि उसकी शक्ति मुझे आगे ले जाएगी, जैसे कि अब तक करती आई है।

फ्लोरा के साथ ये प्रार्थनाएँ मेरे लिए उपचार और आश्वासन का स्रोत थीं, हालाँकि उन्होंने मेरे गहरे डर को भी बाहर निकाला। उन्होंने मुझे याद दिलाया कि मैं अपनी चिंताओं को ईश्वर के हवाले कर दूँ और हर दिन को जैसे भी हो, वैसे ही स्वीकार करूँ, यह जानते हुए कि आगे जो भी हो, उसके लिए उनकी कृपा पर्याप्त है। हर रात सोने से पहले, फ्लोरा और मैं साथ मिलकर प्रार्थना करते थे। यह एक पवित्र क्षण बन गया, दिन भर के बारे में सोचने, अपनी प्रगति के लिए ईश्वर का धन्यवाद करने और आगे के सफ़र के लिए शक्ति माँगने का समय। उन प्रार्थनाओं ने मुझे याद दिलाया कि ईश्वर मेरे साथ इस राह पर चल रहे हैं, ठीक वैसे ही जैसे फ्लोरा सुबह-सुबह करती थी।

हमने अपने दिन की शुरुआत चार्ल्स स्टेनली की दैनिक भक्ति से की। उनके शब्दों ने हमें बहुत शांति और प्रोत्साहन दिया, जिससे दिन की शुरुआत हुई। साथ मिलकर सुनने से, मुझे ईश्वर की योजना पर भरोसा रखने की प्रेरणा मिली, भले ही रास्ता अनिश्चित लग रहा हो।

सुबह के पॉडकास्ट और शाम की प्रार्थनाओं से युक्त हमारी दैनिक दिनचर्या ने इस उपचार काल के दौरान निरंतरता का एहसास दिलाया। इन मार्गदर्शक सिद्धांतों ने मुझे अपने मूल मूल्यों को प्राथमिकता देने में मदद की: विश्वास, कृतज्ञता, और यह समझ कि प्रत्येक दिन नई शक्ति और आशीर्वाद प्रदान करता है।

अपनी रिकवरी के दौरान मुझे जिन समस्याओं से जूझना पड़ा, उनमें से एक थी खाने की समस्या। मैं चाहे जो भी कोशिश करूँ, सब कुछ या तो बहुत नमकीन या बहुत मीठा लगता था। यह एक अजीब और निराशाजनक एहसास था। जो खाने मुझे पहले बहुत पसंद थे, अब वे मुझे भारी लगने लगे

थे, और खाना आराम से ज़्यादा एक बोझ बन गया था। उन दिनों जब मुझे खाने में दिक्कत होती थी, फ्लोरा मेरे बारे में बहुत चिंतित रहती थी। वह कुछ भी बनाती, मेरी भूख ही नहीं लगती थी। मैं उसके चेहरे पर चिंता देख सकता था जब वह मुझे खाने के लिए प्रोत्साहित करने की कोशिश करती, उम्मीद करती कि इससे मुझे अपनी ताकत वापस पाने में मदद मिलेगी। यह मेरे लिए भी निराशाजनक था। मैं खाना चाहता था, फिर से सामान्य महसूस करना चाहता था, लेकिन सब कुछ बेस्वाद सा लगता था।

फ्लोरा को मेरे लिए खाना बनाते हुए देखना, और मैं मुश्किल से कुछ निवाले खा पाता था, मुझे अपराधबोध और लाचारी का एहसास कराता था। हालाँकि, उसकी देखभाल और दृढ़ता मुझे याद दिलाती थी कि वह मेरी कितनी परवाह करती थी। सबसे मुश्किल पलों में भी, उसका प्यार और सहारा कभी कम नहीं हुआ। मैं उसके धैर्य और ज़रूरत के समय मेरे साथ रहने के लिए बहुत आभारी हूँ। मुझे पता था कि अपने शरीर को स्वस्थ रखने के लिए खाना और पोषण देना कितना ज़रूरी है, लेकिन ऐसा लग रहा था जैसे मेरी स्वाद कलिकाएँ मुझे धोखा दे रही हैं। हर खाना एक चुनौती बन गया, और कई पल ऐसे भी आए जब मैं निराश हो गया। मैं सोचने लगा कि क्या मेरी स्वाद-बोध कभी सामान्य हो पाएगी।

लेकिन धीरे-धीरे, मैंने खुद को ढालना सीख लिया। मैंने हल्के और कम तीखे खाने के साथ प्रयोग किए, बनावट और सादगी पर ध्यान केंद्रित किया। फ्लोरा के प्रोत्साहन से भी बहुत फर्क पड़ा। वह धैर्यवान और समझदार थी, अक्सर मुझे एक-एक कदम उठाने की याद दिलाती थी। मुझे सबसे ज़्यादा हैरानी इस बात पर हुई कि कैसे खाने जैसी साधारण चीज़ मुझे लचीलापन सिखा सकती है। ये छोटी-छोटी जीतें—खाना खत्म करना या कोई ऐसा व्यंजन ढूँढना जिसे मैं आसानी से खा सकूँ—मुझे याद दिलाती थीं कि ठीक होना एक प्रक्रिया है। यह हमेशा आसान या सीधा नहीं होता, लेकिन फिर भी यह एक प्रगति है।

अब पीछे मुड़कर देखता हूँ तो मुझे खाने का आनंद लेने की क्षमता के लिए एक नई क़दरदानी महसूस होती है। यह उन रोज़मर्रा के आशीर्वादों में से एक है जिन्हें मैं पहले हल्के में लेता था। अब, मैं हर पल का आनंद लेता

हूँ, यह जानते हुए कि मैं कितनी दूर आ गया हूँ। मुझे हर दिन याद आता है कि चर्च के मेरे दोस्तों के प्यार और देखभाल से मैं कितना धन्य हूँ। वे नियमित रूप से मुझसे मिलने आते थे, गर्मजोशी और प्रोत्साहन देते थे जिससे मेरा मनोबल बढ़ता था। कभी-कभी, वे मुझे सैर पर भी ले जाते थे, मुझे ताज़ी हवा लेने और अपने आस-पास के इलाके की खूबसूरती का आनंद लेने में मदद करते थे। जुड़ाव के ये पल सिर्फ़ मुलाक़ातों से कहीं बढ़कर हैं; ये याद दिलाते हैं कि मैं इस सफ़र में अकेला नहीं हूँ। हर सैर और बातचीत एक उपहार की तरह महसूस होती थी; दूसरों की दयालुता के माध्यम से व्यक्त ईश्वर के प्रेम का प्रतिबिंब।

उनकी उपस्थिति मेरे लिए शक्ति का स्रोत रही है। उनका सहयोग मुझे यह याद दिलाता है कि उपचार एक बहुआयामी प्रक्रिया है, जो शारीरिक, भावनात्मक और आध्यात्मिक ज़रूरतों को पूरा करती है, चाहे हम मौन रहें या अपनी कहानियाँ साझा करें। मैं इन दोस्तों का सचमुच आभारी हूँ जिन्होंने मुझे दिखाया है कि आस्था के समुदाय का हिस्सा होने का क्या मतलब है।

मेरे दोस्त की मुलाक़ातों का एक सबसे सार्थक पहलू यह था कि उनके जाने से पहले हम हमेशा साथ मिलकर प्रार्थना करते थे। यह शांति और जुड़ाव का एक ऐसा पल था जिसने मेरी आत्मा को मज़बूत किया और मुझे अपने जीवन में ईश्वर की उपस्थिति का एहसास दिलाया। उनकी प्रार्थनाएँ आशा, कृतज्ञता और प्रोत्साहन से भरी थीं, जिन्होंने मेरे उपचार में तेज़ी ला दी और ईश्वर से मार्गदर्शन की याचना की। उनके शब्दों को सुनकर मुझे एक आश्वासन मिला, यह जानकर कि मैं ऐसे लोगों से घिरा हुआ हूँ जो सचमुच मेरी परवाह करते हैं और प्रार्थना की शक्ति में विश्वास करते हैं। प्रार्थना के ये पल एक आशीर्वाद की तरह महसूस हुए, एक अनुस्मारक की तरह कि ईश्वर इन अद्भुत दोस्तों के माध्यम से मेरे जीवन में आराम और शक्ति लाने के लिए काम कर रहे हैं। सिर्फ़ उनकी मुलाक़ातें या सैर ही इतना मायने नहीं रखती थीं; बल्कि उनके हर संवाद में उनके द्वारा डाला गया विश्वास और प्रेम ही इतना मायने रखता था। मैं उनके अटूट समर्थन के लिए सचमुच आभारी हूँ।

एक सुबह, फ्लोरा और मैंने पास के एक कैफ़े में टहलने का फैसला किया। हम बाहर निकलना चाहते थे, धूप का आनंद लेना चाहते थे और साथ में नाश्ता करना चाहते थे। दिन की शुरुआत करने का यह एकदम सही तरीका लगा, आस-पड़ोस में आराम से टहलते हुए, अपने चेहरों पर धूप की गर्मी महसूस करते हुए। चलते-चलते, हम एक साथ हर चीज़ और किसी भी चीज़ के बारे में बातें करते, हँसते-हँसते, ईश्वर ने जो किया है उस पर विचार करते, और बस उस पल की शांति का आनंद लेते।

कैफ़े के बाहर बैठकर, कॉफ़ी की चुस्कियाँ लेते हुए और अपने पसंदीदा चॉकलेट क्रोइसैन का आनंद लेते हुए, मुझे आज़ादी और खुशी का ऐसा एहसास हुआ जो मैंने हफ़्तों से महसूस नहीं किया था। यह उन सरल, फिर भी गहरे पलों में से एक था, जब मैं जाने-पहचाने चेहरों से घिरा हुआ था, स्वादिष्ट व्यंजनों का आनंद ले रहा था, और रोज़मर्रा की ज़िंदगी की खूबसूरती में डूबा हुआ था। यह याद दिलाता है कि उपचार केवल शारीरिक रूप से स्वस्थ होने के बारे में नहीं है; यह मुश्किलों के बीच भी छोटी-छोटी खुशियाँ ढूँढ़ने के बारे में है। मैं इन छोटे-छोटे पलों के लिए बहुत आभारी हूँ, जहाँ मैं सचमुच जीवित और वर्तमान महसूस कर सकता हूँ।

फ्लोरा के साथ, पास की कॉफी शॉप में सुबह की कॉफी और अपनी पसंदीदा चॉकलेट क्रोइसैन्ट का आनंद लेते हुए।

सांता मोनिका, कैलिफ़ोर्निया के समुद्र तट पर एक दिन

अध्याय 13
एक बात दूसरी बात की ओर ले जाती है

अस्पताल से छुट्टी मिलने के कुछ दिन बाद, मैंने अपने कॉन्टैक्ट लेंस लगाने का फैसला किया, मुझे एहसास ही नहीं हुआ कि वे बहुत देर से घोल में डूबे हुए थे। अगले ही दिन दर्द शुरू हो गया, एक ऐसी जलन और असहनीय अनुभूति कि आँखें खुली रखना नामुमकिन हो गया। मैं बहुत डर गया था। मेरे मन में डर के मारे बेचैनी सी दौड़ रही थी, मैं सोच रहा था, " *क्या होगा अगर मेरी नज़र चली गई?"* मुझे कुछ भी दिखाई नहीं दे रहा था, और दर्द असहनीय था।

पाई से संपर्क करना पड़ा और उसे मेरी आँखों की समस्या के बारे में बताना पड़ा। सौभाग्य से, पाई की छुट्टी थी और वह जल्द ही मेरी जाँच करने आ गई। वह आँखों को धोने का कुछ घोल लेकर आई, लेकिन उससे कोई आराम नहीं मिला। दर्द इतना तेज़ था कि मैं अपनी आँखें ही नहीं खोल पा रही थी। पाई ने आपातकालीन कक्ष में जाना ज़रूरी समझा; हालाँकि, मेरी दृष्टिबाधितता के कारण, सुरक्षात्मक टोपी पहनने के बावजूद, सीढ़ियाँ चढ़ने में गिरने का ख़तरा था। इसलिए, हमने सहायता के लिए आपातकालीन चिकित्सा सेवाओं से संपर्क करने का फैसला किया। जब आपातकालीन कर्मचारी पहुँचे, तो मैं खुद चल भी नहीं पा रही थी। मुझे एम्बुलेंस में बिठाने के लिए उन्हें मुझे लगभग गोद में उठाकर नीचे ले जाना पड़ा।

अस्पताल तक का सफ़र मानो अनंत काल का हो। रास्ते भर फ्लोरा और मैं प्रार्थना करते रहे , ईश्वर से मेरी आँखों की रक्षा करने और मुझे इस मुश्किल से उबारने के लिए प्रार्थना करते रहे। आपातकालीन कक्ष में पहुँचने पर, चिकित्सा दल ने तेज़ी से काम किया। जब आपातकालीन चिकित्सक मेरी आँखों की जाँच करने के लिए कक्ष में दाखिल हुए, तो मैंने उनसे पूछा कि क्या मैं इलाज शुरू करने से पहले प्रार्थना कर सकता हूँ। जब उन्होंने हाँ कहा, तो मैंने तुरंत उनका हाथ पकड़ लिया और ज़ोर से प्रार्थना करने लगा। मैंने प्रभु से प्रार्थना की कि वे मुझे स्वस्थ करें, डॉक्टर को सद्‌बुद्धि दें, उनके

परिवार, उनके बच्चों और उनके बच्चों के बच्चों के लिए आशीर्वाद और सुरक्षा प्रदान करें, और मेरे हृदय में शांति स्थापित करें। जब मैंने प्रार्थना पूरी की, तो डॉक्टर ने प्रार्थनाओं के लिए मुझे धन्यवाद दिया और मुझे आश्वासन दिया कि वे मेरी पूरी मदद करेंगी।

जैसे-जैसे उन्होंने मेरी आँखों की जाँच की, मुझे चुभन बढ़ती हुई महसूस हुई, यह याद दिलाते हुए कि कैसे एक छोटी सी गलती भी अप्रत्याशित रूप से एक चिकित्सा आपातकाल में बदल सकती है। डॉक्टर ने धैर्य और पूरी तरह से समझाया कि उन्होंने क्या देखा और क्या करने की ज़रूरत है। कई परीक्षणों के बाद, उन्होंने पुष्टि की कि कॉन्टैक्ट लेंस के घोल के लंबे समय तक संपर्क में रहने के कारण मेरी आँखों में संक्रमण हो गया है। हालाँकि यह खबर चिंताजनक थी, लेकिन मुझे गहरी शांति का एहसास हुआ। मुझे पता था कि इस असुविधा के बावजूद, मैं चिकित्सा और आध्यात्मिक दोनों ही दृष्टि से सुरक्षित हाथों में हूँ।

अस्पताल के कर्मचारियों ने तुरंत ज़रूरी इलाज शुरू किया, और मुझे ठीक होने में मदद के लिए आँखों में लुब्रिकेंट और एंटीबायोटिक ड्रॉप्स दिए गए। इलाज के तुरंत बाद, मैं अपनी आँखें खोल पाया और देख पाया कि मेरे सामने क्या था। आपातकालीन कक्ष से बाहर निकलते हुए, हमने खुशी मनाई और एक और चमत्कार के लिए, एक और अप्रत्याशित चुनौती से मुझे निकालने के लिए, और मेरे रास्ते में दयालु और योग्य लोगों को लाने के लिए ईश्वर की स्तुति की। उस अनुभव ने मुझे याद दिलाया कि हम कितने नाज़ुक होते हुए भी कितने मज़बूत हैं। इसने अनिश्चितता का सामना करने से पहले, डॉक्टर की दयालुता, एक दोस्त की त्वरित कार्रवाई, मेरे चचेरे भाई के त्याग और प्रार्थना की शक्ति जैसे छोटे-छोटे पलों के लिए मेरी कृतज्ञता को और गहरा कर दिया।

यह एक दर्दनाक और अपमानजनक अनुभव था, जिसने मुझे झकझोर दिया, लेकिन मैं बेहद आभारी भी हूँ। पीछे मुड़कर देखने पर, मैंने सावधानी बरतने और अपने शरीर की बेहतर देखभाल करने के महत्व को सीखा है, खासकर रिकवरी के दौरान। उस पल ने मुझे याद दिलाया कि ज़िंदगी

कितनी नाज़ुक लग सकती है, लेकिन साथ ही यह भी कि मैं डर का सामना करने में कितनी मज़बूत हो सकती हूँ।

आपातकालीन मुलाक़ात के बाद, डॉक्टर ने मुझे एक हफ़्ते बाद पूरी जाँच के लिए एक नेत्र विशेषज्ञ के पास भेजा। मैं फ़्लोरा के साथ अपॉइंटमेंट पर गई, अभी भी बेचैनी महसूस कर रही थी और यह नहीं समझ पा रही थी कि क्या होगा, लेकिन अच्छी ख़बर की उम्मीद कर रही थी। जब हम प्रतीक्षालय में बैठे थे, तो हमारी मुलाक़ात तीन सज्जनों से हुई, जो हमारी तरह ही अपने नाम पुकारे जाने का इंतज़ार कर रहे थे। पवित्र आत्मा ने हमें उनसे बातचीत शुरू करने और यह पूछने के लिए प्रेरित किया कि हम उनके लिए कैसे प्रार्थना कर सकते हैं।

जो एक साधारण मुलाक़ात से शुरू हुआ था, वह जल्द ही एक पवित्र पल में बदल गया। वह छोटा सा प्रतीक्षालय पूजा और प्रार्थना का स्थान बन गया, जहाँ हम अपनी ज़रूरतें और प्रभु की स्तुति करने में एक साथ शामिल हुए। इसी बीच, एक नर्स एक और मरीज़ को हमारे पास बिठाने के लिए ले आई। उसने कहा, "यह जगह पवित्र है। आपको यहाँ बैठना चाहिए।" उसके शब्दों ने मुझे सिहरन से भर दिया, और इस बात की पुष्टि की कि ईश्वर की उपस्थिति निस्संदेह वहाँ थी।

जिन सज्जनों के साथ हमने प्रार्थना की, उनमें से एक पादरी थे जो स्ट्रोक से उबर रहे थे, लेकिन एक झटके का सामना कर रहे थे और कुछ कठिनाइयों से गुज़र रहे थे। उन्होंने अपने संघर्षों के बारे में हमसे बात की, और हमने उनकी यात्रा में शक्ति और उपचार के लिए प्रार्थना की। उनकी चुनौतियों के बीच, उनके विश्वास ने हमें ईश्वर की निरंतर कृपा की याद दिलाई।

उस दिन बिछड़ने से पहले, हमने एक-दूसरे के लिए प्रार्थना करने का वादा किया था। यह जानते हुए कि हम उस वादे के प्रति जवाबदेह रहेंगे, यीशु के प्रेम की एक सशक्त याद दिलाते हुए, कि कैसे यह हमें एक साथ बाँधता है और हमें प्रार्थना में एक-दूसरे का बोझ उठाने के लिए प्रेरित करता है। वह प्रतीक्षालय, जो कुछ क्षण पहले अजनबियों से भरा हुआ था, एक ऐसा पवित्र स्थान बन गया जहाँ हम सभी ने ईश्वर की शक्ति और प्रेम को प्रत्यक्ष रूप से कार्य करते हुए देखा।

हर बार जब हम मेरे डॉक्टर के पास जाते थे, तो हम किसी ऐसे व्यक्ति को ढूँढ़ने की कोशिश करते थे जिसे प्रार्थना की ज़रूरत हो। कुछ मौकों पर, हमने नर्सों के लिए भी प्रार्थना की। हम किसी भी ऐसे व्यक्ति के लिए साक्षी बन सकते हैं जो मसीह के प्रेम के बारे में सुनने के लिए तैयार हो, चाहे वह अस्पताल में हो या दुकान पर। कभी-कभी, यह सिर्फ़ पवित्र आत्मा की आवाज़ और मार्गदर्शन के प्रति संवेदनशील होने के बारे में होता है। ऐसे पल हमें याद दिलाते हैं कि परमेश्वर हमें दूसरों को प्रोत्साहन और आशा देने के लिए कहीं भी इस्तेमाल कर सकता है।

जब विशेषज्ञ से मिलने का समय आया, तो उन्होंने कई जाँचें कीं और फिर मुझे एक ऐसा निदान दिया जिसके लिए मैं तैयार नहीं थी: ग्लूकोमा। इसे समझना बहुत मुश्किल था। मैंने कभी नहीं सोचा था कि यह बीमारी मेरी कहानी का हिस्सा बन जाएगी, और यह सुनकर कि मुझे दोनों आँखों में लेज़र उपचार की आवश्यकता होगी, मैं बहुत दुखी हुई। मेरे नेत्र रोग विशेषज्ञ, डॉ. गैरिक चक ने लेज़र पेरिफेरल इरिडोटॉमी की सलाह दी ।

उन्होंने बताया कि यह एक आम प्रक्रिया है जिसका इस्तेमाल एंगल-क्लोज़र ग्लूकोमा के इलाज या रोकथाम के लिए किया जाता है—एक गंभीर स्थिति जिसमें आईरिस और कॉर्निया के बीच संकीर्ण या बंद कोणों के कारण द्रव ठीक से नहीं निकल पाता, खासकर संकीर्ण पूर्ववर्ती कक्ष कोणों वाले लोगों में। इससे आँखों का दबाव अचानक बढ़ सकता है, जो एक चिकित्सीय आपात स्थिति है और अगर इसका इलाज न किया जाए तो स्थायी दृष्टि हानि हो सकती है।

उस पल, मैंने कई तरह की भावनाओं का अनुभव किया: डर, अनिश्चितता, और आश्वासन की गहरी चाह। इसके अलावा, मैं आभारी महसूस कर रहा था, एक छिपे हुए आशीर्वाद की तरह, कि समस्या का समय पर पता चल गया और प्रभावी उपचार संभव हो सका। यह अनुभव मेरे स्वास्थ्य को प्राथमिकता देने और मेरे स्वास्थ्य लाभ में सहायक विशेषज्ञों पर भरोसा करने के महत्व की एक मार्मिक याद दिलाता है। आगे का रास्ता अनिश्चित लग रहा था, लेकिन मैंने इस आशा पर ध्यान केंद्रित करने का फैसला किया कि ये उपचार मेरी दृष्टि को बनाए रखने और मेरे जीवन की

गुणवत्ता में सुधार करने में मदद करेंगे। इन सबके बीच, मैंने अगले अध्याय को आगे बढ़ाने के लिए अपने विश्वास और अपने आसपास के लोगों के सहयोग पर भरोसा किया।

जब डॉ. चक ने मेरी दोनों आँखों के लिए लेज़र उपचार की सिफ़ारिश की, तो मैं झिझक रही थी। मेरी क्रेनियोप्लास्टी अभी बाकी थी, इसलिए मुझे यकीन नहीं था कि पहले कोई और प्रक्रिया करवाना सही रहेगा या नहीं। मैंने उनसे मेरे न्यूरोसर्जन से सलाह लेने को कहा ताकि यह सुनिश्चित हो सके कि यह सुरक्षित रहेगा, खासकर इसलिए क्योंकि मैं रक्त पतला करने वाली दवाएँ ले रही थी और क्रेनियोप्लास्टी की तैयारी कर रही थी । अपने स्वास्थ्य के प्रति सजग रहना ज़रूरी था, लेकिन इस प्रक्रिया में ईश्वर पर भरोसा रखने से मुझे शांति मिली।

ऐसा लग रहा था जैसे एक साथ बहुत कुछ हो रहा है, और मैं अपने शरीर पर ज़्यादा ज़ोर नहीं डालना चाहती थी। लेकिन डॉ. चक ने मुझे आश्वस्त किया कि क्रेनियोप्लास्टी से पहले लेज़र पेरिफेरल इरिडोटॉमी करवाना फ़ायदेमंद होगा । उन्होंने समझाया कि मेरी दृष्टि की रक्षा और समग्र रूप से सुचारू रूप से ठीक होने के लिए मेरी आँखों में दबाव को नियंत्रित करना कितना ज़रूरी है।

मेयो क्लिनिक के अनुसार:

"ग्लूकोमा से होने वाले नुकसान की भरपाई नहीं की जा सकती। लेकिन इलाज और नियमित जाँच से दृष्टि हानि को धीमा करने या रोकने में मदद मिल सकती है, खासकर अगर बीमारी का पता शुरुआती चरणों में ही चल जाए। ग्लूकोमा के इलाज का उद्देश्य आँखों के अंदर दबाव को कम करना है। इलाज के विकल्पों में डॉक्टर द्वारा लिखी जाने वाली आई ड्रॉप, मुँह से ली जाने वाली दवाइयाँ, लेज़र ट्रीटमेंट, सर्जरी या कई तरीकों का संयोजन शामिल है।" [7]

कुछ देर सोचने और प्रार्थना करने के बाद, और अपने न्यूरोसर्जन की अनुमति से, मैंने लेज़र प्रक्रिया का समय तय किया। यह कोई आसान फैसला नहीं था, लेकिन मैंने उनकी विशेषज्ञता पर भरोसा करने का फैसला किया और मुझे पता था कि मुझे अपनी सेहत को प्राथमिकता देनी होगी और हर

कदम को उसी तरह उठाना होगा जैसे वह आता है। यह समय विश्वास पर निर्भर रहने, दूसरों पर भरोसा करने और यह विश्वास करने का एक सबक था कि ईश्वर हर चुनौती से मेरा मार्गदर्शन कर रहे हैं।

मेरी लेज़र प्रक्रिया का दिन आ गया, और हालाँकि मैं घबराई हुई थी, फिर भी मुझे लगा कि मैं अपनी रिकवरी के अगले चरण के लिए तैयार हूँ। लेज़र कक्ष में जाने से पहले, मुझे प्रार्थना की ज़रूरत महसूस हुई, इसलिए मैंने फ्लोरा से मेरे और मेरे डॉक्टर के लिए प्रार्थना करने को कहा। हम तीनों ने साथ खड़े होकर प्रार्थना की, और उपचार में ईश्वर की उपस्थिति और मार्गदर्शन का आह्वान किया। उस पल ने मुझे याद दिलाया कि कैसे प्रार्थना हमें जोड़ती है और सबसे अनिश्चित परिस्थितियों में भी शांति प्रदान करती है। डॉ. चक और उनकी चिकित्सा टीम ने मुझे आश्वस्त किया और पूरी प्रक्रिया में सावधानी और पेशेवर तरीके से मेरा मार्गदर्शन किया।

मुझे राहत मिली कि प्रक्रिया सफल रही और बहुत जल्दी! लगभग तुरंत ही, मुझे एहसास हुआ कि परिणाम बहुत अच्छे थे। मेरी दृष्टि साफ़ हो गई थी, और मैं हफ़्तों से भी बेहतर देख पा रहा था । मुझे अभी भी चश्मा या कॉन्टैक्ट लेंस पहनने की ज़रूरत थी, लेकिन मैं सम्मान को महसूस कर सकता था। एक बार फिर, ऐसा लगा जैसे कोई बोझ उतर गया हो, और मैं डॉक्टरों की विशेषज्ञता और आधुनिक चिकित्सा के आशीर्वाद के लिए खुद को कृतज्ञ महसूस करने से नहीं रोक सका।

इस अनुभव ने मुझे प्रक्रिया पर भरोसा करने की शक्ति की याद दिला दी, भले ही वह अनिश्चित लगे। आगे बढ़ाया गया हर कदम, चाहे वह कितना भी छोटा क्यों न हो, एक जीत है जिसका जश्न मनाया जा सकता है। दुनिया को फिर से और ज़्यादा साफ़-साफ़ देख पाना एक तोहफ़ा था।

जैसे-जैसे समय बीतता गया और मैं और मज़बूत होती गई, फ्लोरा और मैंने मेरी प्रगति का जश्न मनाने के लिए कुछ सैर-सपाटे करने का फैसला किया। सबसे यादगार पलों में से एक था कुछ दोस्तों से मिलना, फिर बाद में समुद्र की हवा का आनंद लेने के लिए समुद्र तट पर जाना। लहरों की आवाज़, हवा की नमकीन खुशबू और मेरे चेहरे पर हवा का एहसास, ये सब बहुत स्फूर्तिदायक थे। वहाँ खड़े होकर, अनंत क्षितिज को निहारते हुए, मुझे

गहरी शांति और कृतज्ञता का एहसास हुआ। इसने मुझे याद दिलाया कि मैं कितनी दूर आ गई हूँ, न केवल शारीरिक रूप से, बल्कि भावनात्मक रूप से भी।

फ्लोरा के साथ ये छोटे-छोटे रोमांच सिर्फ़ सैर-सपाटे से कहीं बढ़कर थे; ये मील के पत्थर थे, इस बात का सबूत कि मैं एक-एक कदम करके अपनी ज़िंदगी को फिर से हासिल कर रही थी। दोस्तों से घिरे रहने की खुशी और प्रकृति की सहज सुंदरता ने मुझे आगे बढ़ते रहने की ताकत दी।

भजन 61

परमेश्वर की अनन्त सुरक्षा का आश्वासन

(एनआईवी)

[1] हे परमेश्वर, मेरी पुकार सुन; मेरी प्रार्थना पर ध्यान दे।

*[2] पृथ्वी की छोर से मैं तुझे पुकारता हूं, मेरा हृदय उदास हो रहा है;
मुझे उस चट्टान के पास ले चल जो मुझ से ऊंची है। [3] क्योंकि तू मेरा
शरणस्थान है, और शत्रु के विरुद्ध दृढ़ गढ़ है।*

*[4] मैं तेरे तम्बू में सदा बसने और तेरे पंखों की छाया में शरण लेने की
अभिलाषा करता हूँ। [5] क्योंकि हे परमेश्वर, तू ने मेरी मन्नतें सुनी हैं; तू ने
मुझे अपने नाम के डरवैयों का भाग दिया है।*

*[6] राजा की आयु बढ़ा, और उसकी पीढ़ी पीढ़ी तक उसकी आयु बनी
रहे। [7] वह परमेश्वर के साम्हने सर्वदा विराजमान रहे; अपनी करूणा और
सच्चाई से उसे सुरक्षित रख।*

*[8] तब मैं सदा तेरे नाम का भजन गाऊंगा, और अपनी मन्नतें प्रतिदिन
पूरी करूंगा।*

राजा दाऊद का भजन, विशेष रूप से आवश्यकता के समय, परमेश्वर की अटूट निष्ठा का एक शक्तिशाली अनुस्मारक है। पद 1 और 2 मेरे मन में गूंजते हैं, मदद के लिए मेरी अपनी व्यथित पुकार और ईश्वरीय उपस्थिति की मेरी लालसा को याद दिलाते हैं। मैंने निरंतर परमेश्वर की शरण ली है, जो जीवन की चुनौतियों के बीच मेरा आश्रय, दृढ़ स्तंभ और सुरक्षा रहे हैं। परमेश्वर हमेशा मेरी प्रार्थनाएँ सुनते हैं और दिव्य वादों को पूरा करते हैं, मेरी शक्ति को पुनःस्थापित करते हैं, मुझे सहायक मित्रों से घेरते हैं, और मुझे परीक्षाओं का सामना करने में सक्षम बनाते हैं। मैं परमेश्वर की उपस्थिति पर भरोसा करता रहूँगा और उस पर, मेरी दृढ़ चट्टान पर, निर्भर रहूँगा।

जो भी अपनी परीक्षा से गुज़र रहा है, मैं उनसे यही कहना चाहता हूँ: यीशु पर भरोसा रखो। जब आगे का रास्ता अनिश्चित लगे, तब भी वह तुम्हारे साथ है, हर कदम पर तुम्हारा मार्गदर्शन कर रहा है।

अध्याय 14
मेरा घरेलू चर्च, पृथ्वी पर मेरा स्वर्ग

सर्जरी के दो महीने से भी कम समय बाद, मैं अपने मूल चर्च, कोर चर्च, लॉस एंजिल्स में सेवाओं में शामिल होने के लिए पर्याप्त रूप से सक्षम महसूस कर रही थी। फिर से पवित्र स्थान में प्रवेश करना घर वापसी जैसा लगा, एक ऐसा पल जिसका मैं हफ़्तों से इंतज़ार कर रही थी। जब मैं पादरी स्टीव विलबर्न के पास गई, तो उनका चेहरा खुशी से चमक उठा। मुझे वापस देखकर वे बहुत हैरान और खुश थे। सेवा के दौरान, उन्होंने सबको यह भी बताया कि मैं वहाँ हूँ। यह एक बहुत ही भावुक क्षण था, जब मुझे अपने चर्च परिवार का प्यार और प्रोत्साहन महसूस हुआ।

पादरी स्टीव और उनकी पत्नी लॉरी, मेरे अस्पताल प्रवास के दौरान मुझसे मिलने आए थे, और उन्होंने मुझे मेरी यात्रा के सबसे चुनौतीपूर्ण दौर में देखा था। उनके और कलीसिया के सामने, और भी मज़बूत और कृतज्ञता से भरा हुआ खड़ा होना, ईश्वर की निष्ठा और समुदाय की शक्ति का एक सशक्त प्रमाण था। चर्च में वापस आकर मुझे याद आया कि जीवन के इस दौर में प्रार्थनाओं, प्रेम और समर्थन ने मुझे कितना सहारा दिया था। यह एक नई शुरुआत जैसा लगा, ईश्वर के मार्गदर्शन और मुझे इस तूफ़ान से उबारने के लिए उनकी स्तुति करने का एक अवसर।

जैसे ही मैं मंदिर से बाहर निकला, मुझे लॉबी में प्यार और खुशी का एहसास हुआ। मुझे देखकर सभी बहुत खुश थे, हालाँकि कुछ लोग मुझे पहले पहचान नहीं पाए। गंजा होने और सिर की सुरक्षा के लिए हेलमेट पहनने से मेरा रूप-रंग बदल गया था, लेकिन जिन लोगों ने मुझे पहचाना, उन्होंने बहुत गर्मजोशी और उत्साह से मेरा स्वागत किया। कई लोगों ने बताया कि जब से उन्होंने मेरी स्थिति के बारे में सुना था, तब से वे मेरे लिए प्रार्थना कर रहे थे। यह सुनकर मेरा दिल सचमुच छू गया, और मुझे याद आया कि इस सफ़र में मैं कभी अकेला नहीं था।

उनकी प्रार्थनाओं और ईश्वर की दया ने मुझे मेरे जीवन के कुछ सबसे कठिन क्षणों से उबारा था। अपने विश्वासी परिवार के बीच खड़े होकर, मुझे

ऐसा लगा जैसे मैं ईश्वर की चमत्कारी उपचार शक्ति का जीवंत प्रमाण हूँ। वापस आकर, आत्मा और सच्चाई से प्रभु की आराधना करना, एक ऐसा उपहार था जिसे मैं कभी भी हल्के में नहीं लूँगा।

मैं इस अद्भुत समुदाय का हिस्सा बनकर बहुत धन्य और गौरवान्वित महसूस कर रहा हूँ, विश्वासियों का एक ऐसा परिवार जिसने मुझे प्यार, समर्थन और अटूट विश्वास से घेर रखा है। कोर चर्च सचमुच धरती पर मेरा स्वर्ग है। यहीं मैं अपने प्रभु और उद्धारकर्ता, यीशु की खुलकर आराधना कर सकता हूँ, बिना किसी हिचकिचाहट के स्तुति और कृतज्ञता में अपने हाथ उठा सकता हूँ। इस पवित्र स्थान पर अपने विश्वासी परिवार से घिरा होना मेरे हृदय को शांति और आनंद से भर देता है। यह सिर्फ़ एक इमारत नहीं है; यह एक ऐसी जगह है जहाँ ईश्वर की उपस्थिति इतनी स्पष्ट महसूस होती है, प्रार्थनाएँ उठती हैं, और जीवन रूपांतरित होते हैं।

हर बार जब मैं दरवाज़े से अंदर कदम रखता हूँ, तो मुझे ईश्वर की भलाई और एक ऐसे समुदाय का हिस्सा होने का आशीर्वाद याद आता है जो एक-दूसरे से प्रेम करता है, एक-दूसरे का साथ देता है और विश्वास में एक-दूसरे को ऊपर उठाता है। कोर चर्च मेरे घर से कहीं बढ़कर है; यह वह जगह है जहाँ मेरी आत्मा को विश्राम और नवीनीकरण मिलता है, जो मसीह में हमारी आशा और अनुग्रह की निरंतर याद दिलाता है।

सर्जरी के बाद मेरी न्यूरोसर्जन, डॉ. शार्नवेबर , से मुलाक़ातें थोड़ी ज़्यादा ही तनावपूर्ण थीं। मैं ठीक हो रही थी, लेकिन मेरे सिर से स्टेपल हटवाने का ख़याल ही मुझे डरा रहा था। फिजिशियन की सहायक, जी मिन क्वोन, अपने पेशे में अविश्वसनीय रूप से निरंतर और समर्पित थीं। अस्पताल में रहने के दौरान, वह रोज़ाना मेरा हालचाल पूछती थीं ताकि यह सुनिश्चित हो सके कि मैं ठीक से ठीक हो रही हूँ, और उनकी इस सावधानी ने मेरे स्वास्थ्य लाभ में सचमुच बहुत बड़ा बदलाव लाया।

जब उसने पूरी प्रक्रिया समझाई, तो मैं बस यही सोच रही थी, " *अगर खून बहने लगा तो क्या होगा?"* मैंने खुद को संभाला और प्रार्थना की कि मुझे इससे उबरने की शक्ति मिले। राहत की बात यह रही कि यह प्रक्रिया उतनी दर्दनाक नहीं थी जितनी मैंने सोची थी। यह एक याद दिलाने वाली

बात थी कि डर अक्सर चीज़ों को वास्तविकता से भी बदतर बना देता है। उस पल, मैंने ईश्वर को उनकी उपस्थिति के लिए धन्यवाद दिया, जिन्होंने मुझे छोटी-छोटी चुनौतियों से भी बचाया।

शार्नवेबर से मिलने से पहले , मुझे अपने मस्तिष्क का स्कैन करवाने की सलाह दी गई थी। मेरी नियुक्ति के समय तक, परिणाम देखने के लिए तैयार थे। उस कार्यालय में बैठे हुए, मुझे यकीन नहीं था कि क्या उम्मीद करूँ, लेकिन मैंने शक्ति और स्पष्टता के लिए प्रार्थना की। जब स्क्रीन पर छवि दिखाई दी, तो मैं दंग रह गया। मेरे मस्तिष्क पर, एक हृदय के आकार की छवि थी। ये छवियाँ सर्जरी से पहले और ऑपरेशन के एक महीने बाद की थीं। यह महज संयोग से कहीं बढ़कर लगा। ऐसा लगा जैसे ईश्वर मुझे अपने प्रेम और उपस्थिति की याद दिला रहे हों, मेरी कठिन यात्रा में भी। उस पल ने मुझे अत्यधिक शांति और आश्वासन से भर दिया कि प्रभु हमेशा मेरे साथ हैं।

क्रेनियोप्लास्टी के बारे में कई सवाल थे । एक और सर्जरी का ख़याल ही डरावना था, और मैं जितना हो सके तैयार रहना चाहती थी। मैंने हर चीज़ के बारे में पूछा: प्रक्रिया के दौरान क्या उम्मीद करनी है, रिकवरी कैसी होगी, और यहाँ तक कि मेरी खोपड़ी के गायब हिस्से को बदलने के लिए वे किस सामग्री का इस्तेमाल करेंगे। जवाब आश्वस्त करने वाले थे, फिर भी इन सबकी सच्चाई मुझे अभी भी भारी लग रही थी। मैंने अपने विश्वास को मज़बूती से थामे रखा और मेडिकल टीम के लिए शक्ति और बुद्धि की प्रार्थना की। मैंने खुद को याद दिलाया कि ईश्वर ने मुझे पहली सर्जरी से बचाया था, और वह इस सर्जरी से भी मुझे बचाएँगे।

चर्चा के दौरान, सर्जन ने बताया कि खोपड़ी का प्रतिस्थापन एक सिंथेटिक सामग्री से किया जाएगा। यह सिंथेटिक सामग्री अतिरिक्त मज़बूती और सहारा प्रदान करेगी, जिससे प्रक्रिया के बाद खोपड़ी की संरचनात्मक अखंडता सुनिश्चित होगी। मैं उत्सुक और थोड़ा घबराया हुआ था, इसलिए मैंने इसके बारे में और पूछताछ की। मुझे आश्चर्य हुआ जब सर्जन ने ज़ोर देकर कहा कि यह सामग्री अविश्वसनीय रूप से टिकाऊ है, यहाँ तक कि बुलेटप्रूफ भी। इस विवरण ने मुझे एक अजीब सा सुकून दिया, यह जानकर कि

प्रतिस्थापन इतनी मज़बूती और सुरक्षा प्रदान करने के लिए डिज़ाइन किया गया है। यह एक और पल था जब मैं आधुनिक चिकित्सा के माध्यम से ईश्वर के प्रावधान और चिकित्सा टीम के कुशल हाथों के संयोजन पर अचंभित था।

अपनी नियुक्ति के बाद, मैं एमआरआई की तस्वीरें अपने पास नहीं रख सका। मैंने दिल के आकार की तस्वीर अपने चर्च के दोस्तों के साथ साझा की, और वे भी मेरी तरह ही आश्चर्यचकित थे। मेरे मस्तिष्क पर दिल के आकार की तस्वीर रक्त जमाव के कारण बनी थी। उन्होंने भी इसे मेरी तरह देखा, इस यात्रा के दौरान मेरे प्रति ईश्वर के अतुल्य प्रेम और देखभाल का एक संकेत। यह मुझे एक अनुस्मारक की तरह लगा कि मेरे जीवन के सबसे चुनौतीपूर्ण क्षणों में भी, मेरे लिए उनका प्रेम कितना व्यक्तिगत और विशेष था। उनका प्रोत्साहन देखकर और उनकी प्रार्थनाएँ सुनकर मेरा विश्वास और भी मज़बूत हुआ। यह समुदाय का एक शक्तिशाली क्षण था और इस बात की एक सुंदर पुष्टि थी कि मैं इस यात्रा में कभी अकेला नहीं था।

यह आश्चर्यजनक था कि सिर्फ़ कुछ महीनों में कितना कुछ बदल गया। जब फ्लोरा आई, तब मैं अभी भी अपनी ताकत वापस पा रही थी, लेकिन दो महीने बाद, मैं लगभग सामान्य हो गई। उसके साथ बिताए वो दो महीने वाकई एक वरदान थे। उसकी उपस्थिति, समर्थन और देखभाल ने मुझे ऐसे तरीक़े से ठीक होने में मदद की जिसे मैं कभी नहीं भूल पाऊँगी।

जब उसके बोस्टन लौटने का समय आया, तो मैं समझ सकती थी कि वह थोड़ी चिंतित थी, लेकिन उसने यह सुनिश्चित किया कि मैं अकेली न रहूँ। उसने मेरे होम ग्रुप लीडर्स, पास्टर केविन और कैरोलीन को मेरे आगामी डॉक्टर के अपॉइंटमेंट के बारे में बताया ताकि वे मुझे आने-जाने में मदद कर सकें। मैं उन लोगों के लिए बहुत आभारी हूँ जिन्हें ईश्वर ने इस कठिन समय में मेरे जीवन में भेजा। उनकी दयालुता और मदद करने की इच्छाशक्ति मुझे इस बात का ज़बरदस्त एहसास दिलाती है कि मेरे पास एक मज़बूत सपोर्ट सिस्टम है जिस पर मैं ज़रूरत पड़ने पर भरोसा कर सकती हूँ।

जैसे-जैसे मैं आगे बढ़ रहा हूँ, अब भी, मैं न केवल शारीरिक रूप से, बल्कि भावनात्मक और आध्यात्मिक रूप से भी मज़बूत महसूस कर रहा हूँ। मैं अब तक बहुत आगे आ चुका हूँ, और हालाँकि मुझे पता है कि आगे अभी

भी चुनौतियाँ हैं, मुझे विश्वास है कि ईश्वर मुझे इनसे पार पाने में मदद करते रहेंगे। आज, मैं अपनी रिकवरी के लिए, मेरे साथ खड़े रहे लोगों के लिए, और जीवन की सुंदरता के लिए कृतज्ञता पर ध्यान केंद्रित करना चाहता हूँ।

अध्याय 15
परमेश्वर की योजना अच्छी है

जैसे-जैसे मैं अपनी क्रेनियोप्लास्टी की तैयारी कर रही थी , मैं बहुत ज़्यादा मज़बूत महसूस कर रही थी। पीछे मुड़कर देखना और यह देखना अविश्वसनीय है कि मैं कितनी दूर तक पहुँच गई हूँ। अपने अपार्टमेंट में अकेले होने के कारण, मैं कुछ सूप बना पाई, जो कुछ हफ़्ते पहले तक नामुमकिन सा लग रहा था। मुझे यकीन नहीं था कि सर्जरी के बाद मुझमें कितनी ऊर्जा होगी, इसलिए मैंने सब कुछ तैयार रखने की योजना बनाई। मैंने कुछ सूप बनाकर फ्रीज़ करने का फैसला किया, ताकि घर लौटने पर उन्हें आसानी से गर्म किया जा सके। यह जानकर कि मेरे लिए कुछ पौष्टिक और आरामदायक चीज़ तैयार होगी, मुझे मन की शांति मिली।

मेरी क्रेनियोप्लास्टी 12 सितंबर, 2024 को लॉस एंजिल्स के कैसर परमानेंट मेडिकल सेंटर में होनी थी, जिसमें हेपरिन ड्रिप के लिए तीन दिन पहले से भर्ती होना अनिवार्य था। मेरी सुरक्षा सुनिश्चित करने के लिए यह कदम बेहद ज़रूरी था। कौमाडिन सर्जरी के दौरान रक्तस्राव के जोखिम को बढ़ा सकता है, इसलिए हेपरिन ड्रिप इस जोखिम को कम करने में मदद करती है। हेपरिन एक थक्कारोधी है; यांत्रिक हृदय वाल्व वाले रोगियों को थक्कारोधी चिकित्सा की आवश्यकता होती है। इसमें आमतौर पर हेपरिन ड्रिप के साथ प्रारंभिक ब्रिजिंग शामिल होती है।

थ्रोम्बोम्बोलिक घटनाओं को रोकने में हेपरिन ब्रिजिंग बेहद ज़रूरी है, क्योंकि यांत्रिक हृदय वाल्व वाले मरीज़ों में थक्का जमने का ख़तरा ज़्यादा होता है अगर उनका जमाव ठीक से न हो। सर्जरी से कुछ दिन पहले और बाद में हेपरिन ड्रिप लगाना एक आम बात है ताकि यह सुनिश्चित किया जा सके कि मरीज़ के थक्कारोधी नियंत्रण का उचित प्रबंधन हो। हालाँकि अस्पताल में रहना असहज था, फिर भी मैंने अपनी मेडिकल टीम के समर्पण की सराहना की, जिन्होंने मुझे बेहतरीन देखभाल प्रदान की और मेरी सेहत का ध्यान रखा।

जब मैं अपनी क्रेनियोप्लास्टी की तैयारी कर रही थी , तो मुझे एक अद्‌भुत शांति का एहसास हुआ, यह जानते हुए कि मेरा चर्च परिवार मेरी मदद कर रहा है। मैं अपने विश्वास और आराधना संगीत की सुखदायक शक्ति पर दृढ़ विश्वास के साथ इस अनुभव से गुजरने के लिए तैयार थी। प्रार्थना और प्रभु पर विश्वास के माध्यम से, मैं दृढ़ रही, यह जानते हुए कि ज़रूरत के समय में वे ही मेरी शक्ति और सांत्वना का निरंतर स्रोत हैं। जब मुझे ऑपरेशन कक्ष में ले जाया गया, तो मैं उस गहन शांति को महसूस किए बिना नहीं रह सकी जो मुझे महसूस हो रही थी। मुझे कोई बेचैनी या घबराहट महसूस नहीं हुई, जो मेरे लिए असामान्य था, क्योंकि मैं अक्सर बेचैन हो जाती हूँ, यहाँ तक कि नियमित ब्रेन स्कैन के दौरान भी। हालाँकि, उस क्षण, मुझे अप्रत्याशित रूप से शांति का अनुभव हुआ।

जैसे ही दरवाज़े खुले, तेज़ रोशनी और एक अच्छी तरह से तैयार मेडिकल टीम ने मेरा स्वागत किया। एनेस्थिसियोलॉजिस्ट एनेस्थीसिया देने के लिए तैयार था, और एक नर्स ऑक्सीजन थेरेपी लगाने लगी। मैंने थोड़ी देर प्रार्थना करने का अनुरोध किया, और बेहोश होने से पहले अपना ऑक्सीजन मास्क पकड़कर ज़ोर से प्रार्थना करने के लिए तैयार हो गया। मुझे याद है कि अगली बात यह थी कि मैं पूरी तरह से जाग चुका था और मुझे लगा कि मैंने अभी-अभी प्रार्थना पूरी की है, और मैंने टीम को बताया कि मैं एनेस्थीसिया के लिए तैयार हूँ ताकि प्रक्रिया आगे बढ़ सके। वे मुस्कुराते हुए मेरी तरफ देख रहे थे, और एक व्यक्ति ने कहा, "हो गया!"

मैंने पूछा, "तुम्हारा क्या मतलब है कि सर्जरी हो गई ? " तो मुझे बताया गया कि सर्जरी पूरी हो चुकी है और मैंने अच्छा प्रदर्शन किया है। मैं उलझन में था, मुझे लगा कि मैंने अभी-अभी प्रार्थना पूरी की है और मुझे पता ही नहीं चला कि मैं सो गया था।

किसी भी बात की चिन्ता मत करो: परन्तु हर एक बात में तुम्हारे निवेदन, प्रार्थना और बिनती के द्वारा धन्यवाद के साथ परमेश्वर के सम्मुख उपस्थित किए जाएं। तब परमेश्वर की शान्ति, जो समझ से बिलकुल परे है, तुम्हारे हृदय और तुम्हारे विचारों को मसीह यीशु में सुरक्षित रखेगी। फिलिप्पियों 4:6-7

चिंता हमारे दैनिक जीवन को काफ़ी हद तक प्रभावित कर सकती है। हालाँकि, परमेश्वर की इच्छा है कि हम उसकी इच्छा के अनुसार जीवन जिएँ। हमें किसी भी बात की चिंता न करने के लिए प्रोत्साहित किया जाता है; इसके बजाय, हमें प्रार्थना और विनती के माध्यम से परमेश्वर के सामने अपनी ज़रूरतें व्यक्त करनी चाहिए। अपने जीवन पर परमेश्वर के अधिकार को पहचानना ज़रूरी है। हर चिंता को परमेश्वर को सौंपकर, हम अपने जीवन के सभी पहलुओं को संभालने की उसकी असीम क्षमता को स्वीकार करते हैं।

प्रभु द्वारा मुझे दिए गए प्रेम, दया और अनुग्रह के लिए कृतज्ञ हूँ । मैं प्रभु की अनंत भलाई को पहचानते हुए, आनन्दित और महिमावान हूँ।

सर्जरी के बाद, रक्तस्राव के खतरे के कारण, मुझे गहन निगरानी के लिए गहन चिकित्सा इकाई में स्थानांतरित कर दिया गया। इसके बावजूद, मैं पूरी तरह स्वस्थ था और तुरंत चलने, बोलने और खाने-पीने में सक्षम था। जून में हुई मेरी पहली सर्जरी की तरह, संक्रमण के खतरे को कम करने के लिए दूसरी बार भी मेरा सिर मुंडवाया गया।

गहन चिकित्सा इकाई में मेरा समय सुखद और आरामदायक रहा। अपनी गतिशीलता के कारण, मैं शौचालय का उपयोग, व्यक्तिगत स्वच्छता और इकाई में घूमने सहित कई कार्य स्वतंत्र रूप से कर पा रही थी। एक नर्स ने मुझे "सुश्री वॉकी टॉकी" उपनाम दिया, जो बातचीत के प्रति मेरे प्रेम और यीशु में अपनी व्यक्तिगत गवाही और विश्वास को साझा करने के साथ-साथ उन्हें सुसमाचार के ट्रैक देने और कोर चर्च एलए में मेरे साथ आने के लिए आमंत्रित करने को दर्शाता है।

सर्जरी के चौथे दिन, मैंने अपनी आँख के दाहिने हिस्से में सूजन देखी। मेरे नाइट नर्स, जेसन के आने पर, उसने तुरंत समस्या पहचान ली और मदद के लिए बुलाया। जैसे ही मैंने शौचालय जाना समाप्त किया, मुझे लगा कि मैं बेहोश होने लगी हूँ। जेसन ने मदद के लिए पुकारा और मुझे बिस्तर तक पहुँचाने की कोशिश की, तभी एक पुरुष नर्स जेसन को सहारा देने के लिए कमरे में आया और मुझे अकेले मेरे बिस्तर तक ले गया। जेसन ने तुरंत ड्यूटी पर मौजूद न्यूरोसर्जन से संपर्क किया और मेरी असामान्य स्थिति की सूचना

दी, जिसके बाद तुरंत सीटी स्कैन का आदेश दिया गया। सीटी स्कैन के कुछ ही मिनट बाद, परिणामों में इंट्राक्रैनियल रक्तस्राव का सकारात्मक संकेत मिला, जिसके लिए तत्काल सर्जरी आवश्यक थी।

एक और ब्रेन सर्जरी से गुज़रने का एहसास शब्दों में बयां नहीं किया जा सकता। जैसे-जैसे आधी रात नज़दीक आ रही थी, मुझे एहसास हुआ कि मेरे प्रार्थना योद्धा शायद सो रहे होंगे, फिर भी मैंने प्रार्थना सहायता के लिए उपलब्ध किसी भी व्यक्ति से संपर्क करने की कोशिश की। मैं अपने प्रार्थना योद्धा मित्रों, डेविड, विकी और वॉवी से बात कर पाया । जैसे ही मैंने उन्हें स्थिति स्पष्ट की, वे मेरे डर को समझ गए।

देर रात होने के बावजूद, उन्होंने ध्यान से सुना, मुझे आश्वस्त किया और मुझे याद दिलाया कि मैं अकेली नहीं हूँ। डेविड की शांत आवाज़ ने मेरे उमड़ते विचारों को स्थिर किया, विकी के कोमल प्रोत्साहन ने मुझे ईश्वर की निष्ठा की याद दिलाई, और वॉवी और उसके पति डैनियल की हार्दिक प्रार्थनाओं ने मेरा मनोबल बढ़ाया। हालाँकि डर अभी भी बना हुआ था, उनके शब्द और प्रार्थनाएँ मेरे चारों ओर एक ढाल बन गईं, मुझे विश्वास में स्थिर कर दिया। जैसे ही मैंने कॉल समाप्त की, मैंने एक गहरी साँस ली, और मुझे शांति का एक नया एहसास हुआ। रात के अँधेरे में भी, मुझे पता था कि ईश्वर मौजूद थे, मेरे दोस्तों के माध्यम से मुझे मज़बूत करने के लिए काम कर रहे थे।

यह जानकर कि मेरे लिए प्रार्थना की गई थी, मुझे गहरी शांति का एहसास हुआ, और चाहे मेरे सामने कोई भी परिस्थिति आए, मुझे इस विश्वास में विश्वास था कि प्रभु मेरे साथ हैं, अपनी उपस्थिति में मुझे सहारा दे रहे हैं। मैं पूरी तरह तैयार थी और प्रभु पर अटूट भरोसा रखती थी, यह जानते हुए कि उनके पास किसी भी परिस्थिति में मेरा मार्गदर्शन करने की शक्ति है।

सर्जरी के बाद, मेरे न्यूरोसर्जन ने मुझे बताया कि रक्तस्राव सफलतापूर्वक ठीक हो गया है और मेरी खोपड़ी अपनी मूल स्थिति में आ गई है। मुझे शुरू में चिंता थी कि खोपड़ी का एक हिस्सा हटाने के बाद उसे

बदलने से पहले तीन महीने का इंतज़ार करना पड़ेगा और मुझे फिर से हेलमेट पहनना पड़ेगा, जैसा कि पिछली प्रक्रिया में हुआ था।

हमारे जीवन के लिए परमेश्वर की योजना को समझना एक चुनौतीपूर्ण प्रयास हो सकता है। मैं अक्सर खुद से पूछता हूँ कि मुझे कुछ अनुभवों को बार-बार क्यों सहना पड़ता है, लेकिन मैं मानता हूँ कि उसका तर्क मेरी समझ से परे हो सकता है।

मात्र तीन महीनों की अवधि में, मेरे मस्तिष्क की तीन शल्यक्रियाएँ हुईं, और इस अनुभव का उल्लेखनीय पहलू यह था कि मैं प्रत्येक प्रक्रिया से बिना किसी कमी के उबर पाया। कभी-कभी, मैं सोचता हूँ कि क्या परमेश्वर इन घटनाओं के पीछे अपना उद्देश्य प्रकट कर रहे हैं, और मुझे पूर्ण समर्पण और उन पर भरोसा करने के लिए प्रेरित कर रहे हैं। सर्वोच्च देवता होने के नाते, वह अपनी दिव्य योजना के अनुसार सब कुछ संचालित करते हैं। धैर्य रखना और उनकी दिव्य इच्छा पर भरोसा रखना आवश्यक है, यह समझते हुए कि बाइबल में चुने हुए व्यक्तियों को भी पुराने नियम से लेकर नए नियम तक, अनेक परीक्षणों और क्लेशों का सामना करना पड़ा है।

जब मैं अय्यूब के जीवन पर विचार करता हूँ, तो मैं पाता हूँ कि उसके पास सब कुछ था और प्रभु उसे धर्मी, निष्कलंक और सीधा मानते थे। हालाँकि, परमेश्वर ने शैतान को अय्यूब के विश्वास की परीक्षा लेने की अनुमति दी, ताकि वह उसकी सारी संपत्ति पर आक्रमण कर सके, सिवाय उसके भौतिक स्वास्थ्य के। अपने व्यापक कष्टों के बाद, अय्यूब पाप के आगे नहीं झुका। परमेश्वर द्वारा निरंतर सहायता के प्रकटीकरण से अय्यूब के ईश्वरीय त्याग की भावना कम हो गई।

लूका 8:43-48 में रक्तस्राव से पीड़ित स्त्री की कहानी भी है। वह स्त्री बारह वर्षों तक पीड़ित रही और किसी के द्वारा भी ठीक नहीं हो सकी। वह यीशु के पीछे आई, उनके वस्त्र के किनारे को छुआ, और तुरंत उसका रक्तस्राव बंद हो गया। जब यीशु ने पूछा कि उन्हें किसने छुआ, तो वह स्त्री काँपती हुई आई और यीशु के सामने गिर पड़ी, और सब लोगों के सामने बताया कि उसने उन्हें क्यों छुआ था और वह तुरंत ठीक हो गई थी। यीशु ने उस स्त्री से

कहा, "बेटी, तेरे विश्वास ने तुझे चंगा किया है; कुशल से जा" (लूका 8:48)। यीशु के प्रति उस स्त्री की भक्ति ने उसे पूर्ण रूप से स्वस्थ कर दिया!

अपने अनुभवों पर विचार करते हुए, मैं कृतज्ञता से भर जाता हूँ, यह जानते हुए कि मेरे प्रभु यीशु मेरे निरंतर साथी हैं, हर तूफ़ान में मेरा मार्गदर्शन करते हैं और हर कदम पर मेरे विश्वास को गहरा करते हैं। परमेश्वर परिस्थितियों को इस तरह ढालते हैं कि हम उन पर अपनी निर्भरता बढ़ा सकें, और हमें आश्वस्त करते हैं कि हम कभी भी अपनी क्षमता से अधिक परिस्थितियों का सामना नहीं करेंगे।

तुम किसी ऐसी परीक्षा में नहीं पड़े जो मनुष्य के सहने से बाहर है; और परमेश्वर सच्चा है: वह तुम्हें सामर्थ से बाहर परीक्षा में न पड़ने देगा, बरन परीक्षा के साथ निकास भी करेगा; कि तुम सह सको। 1 कुरिन्थियों 10:13

भजन संहिता 100:
सभी मनुष्यों को परमेश्वर की स्तुति करने का प्रोत्साहन

धन्यवाद के लिए एक भजन

(एनएएसबी 1995)

[1] *हे सारी पृथ्वी के लोगों, यहोवा का जयजयकार करो!* [2] *आनन्द से*
यहोवा की आराधना करो; जयजयकार करते हुए उसके सम्मुख आओ। [3] *यह*
जान लो कि यहोवा ही परमेश्वर है; उसी ने हम को बनाया, और हम ने
नहीं; हम उसके लोग और उसकी चरागाह की भेड़ें हैं।

[4] *उसके फाटकों से धन्यवाद और उसके आंगनों से स्तुति करते हुए प्रवेश*
करो। उसका धन्यवाद करो, उसके नाम को धन्य कहो। [5] *क्योंकि यहोवा*
भला है; उसकी करुणा सदा की है, और उसकी सच्चाई पीढ़ी से पीढ़ी तक
बनी रहती है।

आइए हम प्रभु में आनन्दित हों क्योंकि वह सदैव भला करते हैं! मैं प्रभु की स्तुति में अपनी वाणी बुलंद करता हूँ, जो धार्मिकता और प्रेम के एक उज्ज्वल स्वरूप हैं। मैं उन अनगिनत आशीषों के लिए कृतज्ञता से अभिभूत हूँ जो मेरे जीवन को भर देती हैं, जो उनकी अटूट देखभाल का प्रमाण हैं। मेरे उद्धारकर्ता और प्रभु, यीशु मसीह के माध्यम से, मुझे उनके राज्य परिवार में शामिल किया गया है, छुड़ाया गया है और क्षमा किया गया है। उनके प्रेम ने मुझे बदल दिया है, और उनकी कृपा ने मुझे चंगा किया है।

अध्याय 16
संपूर्णता से आगे बढ़ना

सर्जरी के बाद, मैंने अस्पताल में पुनर्वास किया, जिसमें मेरे समग्र स्वास्थ्य में सुधार के लिए शारीरिक और व्यावसायिक चिकित्सा शामिल थी। चिकित्सकों के साथ काम करने से मुझे अपने शारीरिक और मानसिक स्वास्थ्य पर एक साथ ध्यान केंद्रित करने का मौका मिला और यूनिट में घूम-फिर पाने से मेरे समग्र स्वास्थ्य में सुधार के प्रति मेरा आत्मविश्वास और आत्मविश्वास बढ़ा, जिससे मुझे जल्द ही छुट्टी मिलने का संकेत मिला।

मैं घर लौटने और अपनी जगह पर आराम से रहने के लिए बेताब था। मैं एक ताज़ा स्नान, अपने बिस्तर पर एक आरामदायक रात की नींद और अपने आस-पड़ोस में सुकून भरी सैर का बेसब्री से इंतज़ार कर रहा था। अस्पताल में भर्ती होने के कारण मेरी नींद की आदतें बिगड़ गई थीं क्योंकि नर्सिंग स्टाफ़ नियमित रूप से मेरे शरीर के महत्वपूर्ण संकेतों की जाँच करता था, जिसके लिए उन्हें मुझे समय-समय पर जगाना पड़ता था। मैं घर पर एक अच्छी रात की नींद के लिए तरस रहा था।

न्यूरो आईसीयू फ्लोर पर नर्स और स्टाफ मुझे अलविदा कहने के लिए एक साथ आए, और जब मुझे बाहर की ओर ले जाया जा रहा था, तो मैं कृतज्ञता की भावना को महसूस किए बिना नहीं रह सका। जिन नर्स और स्टाफ ने मेरे सबसे नाजुक क्षणों में मेरी देखभाल की थी, वे अब एक साथ खड़े थे, मुस्कुरा रहे थे, खुश हो रहे थे, और प्रोत्साहन के शब्द कह रहे थे। मेरी आँखों में आँसू दुःख से नहीं, बल्कि उन अविश्वसनीय व्यक्तियों के लिए महसूस की गई अपार कृतज्ञता से थे जो मेरी यात्रा का हिस्सा बन गए थे। उस पल में, मुझे पता था कि मैं सिर्फ अस्पताल नहीं छोड़ रहा था; मैं एक नए अध्याय में कदम रख रहा था, मेरे साथ प्यार, समर्थन और प्रार्थनाएँ थीं जिन्होंने मुझे इस सब के दौरान सहारा दिया था। यह शुद्ध विनम्रता का क्षण था, यह जानते हुए कि ये अविश्वसनीय नर्स और स्टाफ, जिन्होंने मेरी देखभाल करने के लिए अथक परिश्रम किया था, अब मेरी ताकत और स्वास्थ्य लाभ का जश्न मना रहे थे।

जब मैंने उनके चेहरों को देखा, तो मुझे सिर्फ़ डॉक्टरों से ज़्यादा कुछ दिखाई दिया; मैंने ऐसे लोग भी देखे जिन्होंने मेरे इलाज में अपना दिल लगा दिया था। कुछ ने मुश्किल रातों में मेरा हाथ थामा था, तो कुछ ने डर के मारे फुसफुसाकर दिलासा दिया था, फिर भी सभी ने मेरे स्वास्थ्य की ओर लौटने में अपनी भूमिका निभाई थी। मैंने पूरे दिल से हाथ हिलाया और कृतज्ञता की एक मन ही मन प्रार्थना की। यह सिर्फ़ एक अलविदा से कहीं बढ़कर था; यह करुणा, विश्वास और उन लोगों के अटूट समर्थन की शक्ति का प्रमाण था जो मेरे साथ इस राह पर चले थे।

शार्नवेबर के साथ सर्जरी के बाद की मुलाकात के दौरान , मैंने अपने सामान्य रक्त परीक्षण के परिणामों को देखते हुए, अप्रत्याशित मस्तिष्क रक्तस्राव के बारे में पूछताछ की । मेरे एक चिकित्सक के साथ सीटी स्कैन के परिणामों पर चर्चा करते समय, डॉक्टर ने स्ट्रोक या धमनीविस्फार के किसी भी संकेत के अभाव का उल्लेख किया। डॉ. शार्नवेबर ने मेरे दाहिने टेम्पोरल क्षेत्र में सूक्ष्म रक्त वाहिकाओं में दरारों के बारे में चर्चा की। चूँकि धमनीविस्फार या स्ट्रोक सिद्ध नहीं हुआ था, इसलिए दो संभावनाएँ थीं: समस्या बड़ी रक्त वाहिका (मैक्रोवैस्कुलर) से संबंधित हो सकती है, या एक छोटी रक्त वाहिका (माइक्रोवेसल) से संबंधित हो सकती है जो सूक्ष्म परिसंचरण तंत्र का हिस्सा है।

शार्नवेबर की चिकित्सा व्याख्या थी । चारकोट-बुचार्ड एन्यूरिज्म मस्तिष्क की छोटी रक्त वाहिकाओं में एक छोटा सा कमज़ोर स्थान होता है। यह ज़्यादातर मस्तिष्क के गहरे हिस्सों, जैसे बेसल गैन्लिया, थैलेमस, पोंस और सेरिबैलम में होता है। अगर इनमें से कोई एन्यूरिज्म फट जाए, तो मस्तिष्क में रक्तस्राव हो सकता है (एक प्रकार का स्ट्रोक जिसे इंट्रासेरेब्रल हेमरेज कहा जाता है)। इससे गंभीर समस्याएँ हो सकती हैं, जैसे अचानक कमज़ोरी, बोलने में तकलीफ़, या यहाँ तक कि बेहोशी भी। बड़े एन्यूरिज्म के विपरीत, जो मस्तिष्क के चारों ओर रक्तस्राव का कारण बन सकते हैं, ये छोटे एन्यूरिज्म मस्तिष्क के अंदर की छोटी रक्त वाहिकाओं को प्रभावित करते हैं। इन्हें बनने या फटने से रोकने का सबसे अच्छा तरीका है, स्वस्थ जीवनशैली और ज़रूरत पड़ने पर दवा के ज़रिए उच्च रक्तचाप को नियंत्रित करना।

मुझे जो हुआ वह इंट्रासेरेब्रल रक्तस्राव था, जिसे चिकित्सा शब्दावली में इंट्रावेंट्रीकुलर एक्सटेंशन कहा जाता है।

अमेरिकन एसोसिएशन ऑफ न्यूरोलॉजिकल सर्जन्स के अनुसार:

" इंट्रासेरेब्रल हेमरेज (मस्तिष्क के ऊतकों में रक्तस्राव) स्ट्रोक का दूसरा सबसे आम कारण (स्ट्रोक के 15-30%) और सबसे घातक है। रक्त वाहिकाएँ मस्तिष्क से रक्त ले जाती हैं और मस्तिष्क तक पहुँचाती हैं। धमनियाँ या शिराएँ असामान्य दबाव, असामान्य विकास या आघात के कारण फट सकती हैं। रक्त स्वयं मस्तिष्क के ऊतकों को नुकसान पहुँचा सकता है। इसके अलावा, मस्तिष्क में अतिरिक्त रक्त खोपड़ी के भीतर दबाव (इंट्राक्रैनियल प्रेशर (आईसीपी)) को इतना बढ़ा सकता है कि मस्तिष्क को और नुकसान पहुँचता है।" [8]

मेरे सर्जन द्वारा चिकित्सा संबंधी शब्दों पर की गई चर्चा वाकई प्रभावशाली थी, और मेरे आघातों के इतिहास को देखते हुए, यह उल्लेखनीय है कि मैं आज जीवित और स्वस्थ हूँ। मुझे पूरा विश्वास है कि ईश्वर की शक्ति ने मेरी इस यात्रा में महत्वपूर्ण भूमिका निभाई है। मेरे दैनिक मूल्यांकनों के दौरान, मेरी मानसिक स्थिति लगातार सतर्कता, दिशा-निर्देशन और शांत, सहयोगी व्यवहार और सक्रिय संचार द्वारा परिणत एक गैर-आत्मघाती व्यवहार प्रदर्शित करती रही। प्रयोगशाला के परिणाम सामान्य थे और मेरा रक्तचाप भी।

हर दिन, जब नर्सें मेरी जाँच करने आतीं, तो मुझे पता होता था कि क्या होने वाला है। उनके बार-बार पूछे जाने वाले सवाल एक जैसे होते थे:

- आज कौन सी तारीख़ है?
- आप कहां हैं?
- सुविधा का पता क्या है?
- वर्तमान राष्ट्रपति कौन हैं?

मैं अपनी घड़ी लगभग उसी पर सेट कर सकता था। पहले तो मैंने कर्तव्यनिष्ठा से जवाब दिया, लेकिन जैसे-जैसे दिन बीतते गए, मुझे एहसास

हुआ कि अगर मैंने थोड़ा हास्य नहीं डाला, तो मैं अपना दिमाग़ ही खो सकता हूँ। इसलिए, मैंने चीज़ों को थोड़ा और दिलचस्प बनाने का फैसला किया। मैं पूछता, "क्या कोई तरीका है जिससे सर्जन मेरे दिमाग़ को स्मार्ट दिमाग़ में बदल सके?" या "मौजूदा राष्ट्रपति और आने वाले चुनाव में क्या चल रहा है?"

कैसर में अपने प्रवास के दौरान मुझे जो सबसे ज़्यादा पसंद आया, वह था उनका खाना और आइसक्रीम! नर्सों ने मुझे बताया कि उनकी आइसक्रीम ज़्यादातर मरीज़ों को बहुत पसंद आती है। कभी-कभी तो मुझे ऐसा लगता था जैसे मैं किसी रिसॉर्ट में रह रही हूँ। मैं फ़ोन पर खाना ऑर्डर कर सकती थी और जब खाना तैयार हो जाता, तो उसे मँगवा सकती थी। उनका खाना बहुत स्वादिष्ट था, और मैंने उसके हर निवाले का भरपूर आनंद लिया!

अध्याय 17
जीवन पटरी पर वापस

अपने चिकित्सा इतिहास पर विचार करते हुए, मैं विपरीत परिस्थितियों से निपटने की अपनी क्षमता से आश्चर्यचकित हूँ, तथा अपनी शक्ति का श्रेय ईश्वर की शक्ति को देता हूँ।

इसलिए परमेश्वर के सारे हथियार बाँध लो, कि जब बुरे दिन आए, तो तुम डटे रह सको, और सब कुछ पूरा करके भी स्थिर रह सको। इफिसियों 6:13

प्रार्थना शत्रुओं की योजनाओं के विरुद्ध हमारी शक्तिशाली ढाल है।

"जितने हथियार तेरी हानि के लिये बनाए जाएँ, उन में से कोई सफल न होगा; और जितने लोग मुक़द्दमा लड़ें, उन सभों से तू जीत जाएगा। यहोवा के दासों का यही भाग है, और उनका धर्म मेरी ओर से है," यहोवा की यही वाणी है। यशायाह 54:17

यह श्लोक ईश्वर का एक वादा है कि कोई भी नुकसान या हमला अंततः मेरे विरुद्ध सफल नहीं होगा। भले ही लोग मेरे विरुद्ध बोलें या मुझे नीचा दिखाने की कोशिश करें, ईश्वर मेरी रक्षा करेंगे और मुझे दृढ़ रहने में मदद करेंगे। ईश्वर की सुरक्षा उन लोगों के लिए है जो उन पर भरोसा करते हैं और उनका अनुसरण करते हैं। वह मेरी रक्षा करेंगे और यह सुनिश्चित करेंगे कि दूसरों के बुरे इरादे अंततः मुझे नुकसान न पहुँचाएँ। इसलिए, चाहे मुझे किसी भी स्थिति का सामना करना पड़े—चाहे स्वास्थ्य संबंधी समस्याएँ हों, दूसरों की चुनौतियाँ हों, या कुछ और—ईश्वर मेरी रक्षा और सहायता के लिए मौजूद हैं।

परमेश्वर मेरी लड़ाइयाँ लड़ रहा है! मुझे अकेले नहीं लड़ना पड़ेगा क्योंकि परमेश्वर मेरा रक्षक है। यह पद मुझे याद दिलाता है कि परमेश्वर मेरे साथ है, तो मुझे शांति और आत्मविश्वास मिल सकता है, यह जानते हुए कि वह मेरा ख्याल रखेगा। यीशु, मेरी लड़ाइयाँ लड़ने के लिए धन्यवाद!

मेरी पसंदीदा गर्मियों की गतिविधियों में से एक है अपने कोर चर्च के दोस्तों और दूसरे चर्चों के दोस्तों के साथ ईसाई संगीत समारोहों में शामिल होना। सर्जरी के बाद पाँच महीने की रिकवरी के बाद, मुझे लॉस एंजिल्स में मर्सीमी , टोबी मैक और ज़ैक विलियम्स को लाइव देखने का सौभाग्य मिला । यह संगीत समारोह बहुत मज़ेदार था, और मर्सीमी के गीत "फ्लॉलेस" का मुझ पर गहरा प्रभाव पड़ा। यह गीत अनुग्रह, मुक्ति और कैसे यीशु का बलिदान हमें परमेश्वर की दृष्टि में दोषरहित बनाता है, के बारे में बताता है।

जीवन भर, हमें चुनौतियों और असफलताओं का सामना करना पड़ता है, लेकिन अपने विश्वास में दृढ़ बने रहना ज़रूरी है। प्रभु हमेशा मौजूद रहते हैं, चाहे हमारी परिस्थितियाँ कैसी भी हों। मैंने यह महसूस किया है कि अपने संघर्ष के समय—चाहे स्वास्थ्य, आर्थिक या रोज़गार से संबंधित—मैं निरंतर प्रभु की शरण लेता हूँ। इसके अलावा, जैसे-जैसे मेरी ज़रूरतें बढ़ती हैं, प्रभु के साथ मेरा रिश्ता और गहरा होता जाता है क्योंकि मैं उन्हें ज़रूरत के समय में अपने विश्वसनीय सहारे के स्रोत के रूप में पहचानता हूँ। मैं हमेशा उनके मार्गदर्शन पर भरोसा कर सकता हूँ।

नहीं, इन सब बातों में हम उसके द्वारा जिसने हमसे प्रेम किया है, जयवन्त से भी बढ़कर हैं। क्योंकि मैं निश्चय जानता हूँ कि न मृत्यु, न जीवन, न स्वर्गदूत, न प्रधानताएँ, न वर्तमान, न भविष्य, न सामर्थ्य, न ऊँचाई, न गहराई , न कोई और सृष्टि, हमें परमेश्वर के प्रेम से, जो हमारे प्रभु मसीह यीशु में है, अलग कर सकेगी। रोमियों 8:37-38

मैं अपनी ज़िंदगी की पटरी पर वापस आकर और अपनी पसंदीदा चीज़ें करते हुए बहुत खुश हूँ। मेरी दोस्त मिशेल और मैं, जो चर्च में अच्छी दोस्त बनीं, नियमित रूप से ईसाई संगीत समारोहों में जाती हैं। अविवाहित होने के नाते, हम एक-दूसरे की संगति का आनंद लेते हैं और हमारी कई रुचियाँ एक जैसी हैं, जैसे संगीत समारोह, पड़ोस के अपने पसंदीदा रेस्टोरेंट में सुबह का खाना, फ़िल्में देखना, समुद्र तट पर सैर करना और कभी-कभार शहर से बाहर जाना। मिशेल एक अनमोल दोस्त, एक समर्पित प्रार्थना योद्धा,

उपवास साथी और एक भरोसेमंद बहन है जो अटूट समर्थन और विश्वसनीयता का प्रतीक है।

इस लेख को लिखते समय, मेरी सर्जरी को छह महीने हो चुके हैं, और मैं पूरे विश्वास के साथ कह सकता हूँ कि मेरी सामान्य सेहत लगभग सर्जरी से पहले जैसी हो गई है। मुझे पूरी आज़ादी मिल गई है, मैं बिना किसी परेशानी के गाड़ी चला सकता हूँ, और मैंने अपने दिमाग की दवा लेना बंद कर दिया है। मैं साल की शुरुआत में काम पर लौटने और एक शानदार नई शुरुआत की उम्मीद कर रहा हूँ। मेरे दोस्त नियमित रूप से मेरी भावनात्मक स्थिति पर नज़र रखने के लिए मुझसे मिलते रहते हैं और मेरे समग्र स्वास्थ्य के प्रति अपनी चिंता व्यक्त करते हैं। ठीक होने की प्रक्रिया के दौरान एक प्रेमपूर्ण समुदाय की उपस्थिति वास्तव में एक आशीर्वाद है क्योंकि यह हमारे जीवन में ईश्वर के प्रेम और देखभाल का उदाहरण है।

एक उत्तरजीवी के रूप में अपनी यात्रा के दौरान, मैंने दृढ़ता के मूल्य की गहरी समझ विकसित की है। जीवन की क्षणभंगुरता के बावजूद, यह सुंदरता से भरपूर है, और मैंने जिन चुनौतियों का सामना किया, वे जीवन के अनेक अद्भुत अनुभवों को अनुभव करने की मेरी क्षमता से सिद्ध हुई हैं। मैं ईश्वरीय हस्तक्षेप और चिकित्सीय कुशलता के परिवर्तनकारी प्रभाव को स्वीकार करते हुए, अत्यंत आभारी, धन्य और प्रेम से परिपूर्ण हूँ, जिसने मुझे जीवित रहने में सक्षम बनाया है।

शुक्र है, चिकित्सा विशेषज्ञों और एक देखभाल करने वाले समुदाय के सहयोग से, मैं मुश्किलों से उबर पाया और पहले से कहीं ज़्यादा मज़बूत बनकर उभरा। मेरे प्रभु और उद्धारकर्ता, यीशु मसीह, अंततः मेरे उपचारक और मज़बूत गढ़ हैं। अब, मैं अपनी कहानी साझा करने के लिए प्रेरित महसूस कर रहा हूँ, उम्मीद करता हूँ कि यह ऐसी ही स्वास्थ्य समस्याओं से जूझ रहे अन्य लोगों के लिए आशा, सांत्वना, प्रेरणा और प्रोत्साहन लाएगी।

भजन 34
प्रभु , प्रदाता और उद्धारकर्ता

(एनएएसबी 1995)

1 मैं हर समय यहोवा को धन्य कहा करूंगा; उसकी स्तुति निरन्तर मेरे
मुख से होती रहेगी। 2 मैं यहोवा पर घमण्ड करूंगा; नम्र लोग यह सुनकर
आनन्दित होंगे। 3 हे मेरे साथ यहोवा की स्तुति करो, और आओ हम मिलकर
उसके नाम की स्तुति करें।

4 मैं यहोवा के पास गया, और उसने मेरी सुन ली, और मुझे मेरे पूरे भय
से छुड़ाया। 5 जब उन्होंने उसकी ओर दृष्टि की, तब उनके चेहरे पर चमक
थी, और उनके चेहरे पर शर्म न आई। 6 इस दरिद्र ने दोहाई दी, और यहोवा
ने उसकी सुन ली, और उसे उसके सब क्लेशों से छुड़ाया। 7 यहोवा के डरवैयों
के चारों ओर उसका दूत छावनी किए हुए उनको बचाता है ।

8 परखकर देखो कि यहोवा कैसा भला है; क्या ही धन्य है वह मनुष्य
जो उस पर भरोसा रखता है! 9 हे यहोवा के भक्तों, उसका भय मानो; उसके
डरवैयों को किसी वस्तु की घटी नहीं होती। 10 जवान सिंह तो घटी तो खाते
और भूखे भी रहते हैं; परन्तु यहोवा के खोजियों को किसी भली वस्तु की
घटी न होगी। 11 हे बालकों, आओ, मेरी सुनो; मैं तुम्हें यहोवा का भय मानना
सिखाऊंगा। 12 वह कौन मनुष्य है जो जीवन की इच्छा रखता, और दीर्घायु
चाहता है कि भलाई देखे? 13 अपनी जीभ को बुराई से, और अपने होठों को
छल की बातें बोलने से रोके रह। 14 बुराई को छोड़ और भलाई कर; मेल को
ढूंढ और उसके पीछा कर।

15 यहोवा की आंखें धर्मियों पर लगी रहती हैं, और उसके कान उनकी
दोहाई की ओर लगे रहते हैं। 16 यहोवा बुराई करनेवालों के विमुख रहता है,
ताकि उनका स्मरण पृथ्वी पर से मिटा डाले। 17 धर्मी दोहाई देते हैं और
यहोवा सुनता है, और उन्हें उनके सब क्लेशों से छुड़ाता है। 18 यहोवा टूटे
मनवालों के समीप रहता है, और खेदित मनवालों का उद्धार करता है।

19 धर्मी पर बहुत सी विपत्तियाँ पड़ती तो हैं, परन्तु यहोवा उसको उन
सब से मुक्त करता है। 20 वह उसकी सब हड्डियों की रक्षा करता है, और उनमें

से एक भी टूटने नहीं पाती। [21] *दुष्टों को बुराई मार डालेगी, और धर्मी से बैर रखनेवाले दोषी ठहरेंगे।* [22] *यहोवा अपने दासों के प्राणों को बचा लेता है, और जो उस पर भरोसा रखते हैं उन में से कोई दोषी न ठहरेगा।*

भजन 34 राजा दाऊद द्वारा रचित एक भव्य स्तुति-गीत है, जो परमेश्वर की असीम भलाई, उद्धार और सुरक्षा का बखान करता है। यह हमें उसकी उपस्थिति में सांत्वना पाने की एक प्रेरक याद दिलाता है। कठिनाइयों के बीच भी, मैं निरंतर उसकी स्तुति करने के लिए प्रेरित होता हूँ। यह भय और संकट के समय में उस पर भरोसा रखने का एक आश्वस्त करने वाला अनुस्मारक है, यह जानते हुए कि परमेश्वर मेरी सुनता है और मेरे टूटे हुए मन में मुझे बचाता है।

परमेश्वर कष्टों के बावजूद अपने लोगों को छुड़ाता और उनकी रक्षा करता है। यह उन लोगों के प्रति परमेश्वर की वफादारी को दर्शाता है जो उस पर भरोसा करते हैं और श्रद्धा और धार्मिकता का जीवन जीने में मदद करते हैं। उसके अनंत प्रेम में निहित शांति और आशा का यह एहसास एक अनमोल उपहार है। यह आश्चर्यजनक है कि कैसे उसकी उपस्थिति अराजकता के बीच शांति और अनिश्चितता के समय में स्पष्टता ला सकती है। भजन 34 पर विचार करने से मुझे याद आता है कि चाहे कितने भी कष्ट या चुनौतियाँ क्यों न हों, परमेश्वर टूटे हुए दिल वालों के करीब रहता है और अपने लोगों को मुक्ति दिलाता है।

अध्याय 18
एक परिवार का प्यार और समर्थन

क्रैनियोप्लास्टी से पहले , मेरे चचेरे भाई, सैम, जो सैन फ़्रांसिस्को में रहते और काम करते हैं, ने लॉस एंजिल्स जाकर मेरी देखभाल में मदद करने के लिए अपनी नौकरी से अस्थायी छुट्टी ले ली थी। सैम ने न केवल मेरी असाधारण देखभाल की, बल्कि हमारी रोज़मर्रा की ज़रूरतों का कुछ खर्च भी उदारता से उठाया। उनकी दयालुता सचमुच एक आशीर्वाद थी, और मैं उनके सहयोग के लिए हमेशा आभारी रहूँगा।

मनोंग सैम की पृष्ठभूमि एक जैसी है, हम फिलीपींस में एक ही मोहल्ले में साथ-साथ पले-बढ़े हैं। हम दोनों में बड़े होने के नाते, उन्हें मेरे बचपन की अच्छी यादें हैं, जब मैं अक्सर अपने पड़ोसियों की देखरेख में रहता था और मेरी माँ काम पर होती थीं। वह अक्सर याद करते थे कि मैं छोटी उम्र में भी उनके कितने करीब था। मैं उनका बहुत सम्मान करता था, और वह मेरी देखभाल करते थे, मेरी सुरक्षा का ध्यान रखते थे और स्कूल के बाद मेरे साथ कुछ गतिविधियों में शामिल होते थे।

मनोंग सैम के साथ बिताया गया मेरा समय मेरे लिए बेहद खुशी का स्रोत रहा क्योंकि उन्होंने मेरे बचपन की यादें ताज़ा कर दीं और मुझे अपने शुरुआती जीवन पर विचार करने का एक सुखद अवसर प्रदान किया। " मानोंग " परिवार के वृद्ध पुरुषों के लिए स्नेह और सम्मान का एक शब्द है, जिसका प्रयोग हमारी अकलानन भाषा में आमतौर पर किसी वृद्ध पुरुष के लिए किया जाता है। मनोंग सैम के साथ समय बिताना बहुत आनंददायक था, और मुझे बचपन की यादें ताज़ा करने और अपने आस-पड़ोस के सभी लोगों को याद करने में बहुत मज़ा आया। उन्होंने मुझे बचपन में मेरी दृढ़ इच्छाशक्ति और सभी से मिले स्नेह की याद दिलाई।

गोद लिए जाने और एक मध्यमवर्गीय परिवार में पलने-बढ़ने के कारण, मुझे एक ऐसा परिवार मिला जो मेरी ज़रूरतों को पूरा कर सकता था। मेरी दत्तक माँ, जो मेरे जैविक पिता की चचेरी बहन भी हैं, का रक्त संबंध मेरे रक्तप्रवाह में भी मौजूद है। मैं अपने जैविक माता-पिता को जानता

हूँ, और मेरे दत्तक परिवार के साथ मेरा रिश्ता और भी गहरा है। इस अनोखे बंधन ने मुझे गोद लेने के बारे में एक अलग नज़रिया दिया है, जो जैविक और चुने हुए परिवार, दोनों को इस तरह से जोड़ता है जिसने मेरी पहचान को आकार दिया है।

बड़े होते हुए, मैं भाग्यशाली थी कि मुझे एक स्थिर और प्यार भरा घर मिला जहाँ मेरी ज़रूरतें पूरी हुईं और मुझे आगे बढ़ने के मौके मिले। फिर भी, अपनी जैविक जड़ों को जानने से मेरी कहानी में एक और परत जुड़ गई, जो कृतज्ञता और जिज्ञासा, दोनों से भरी हुई थी।

मैं अक्सर इस बात पर विचार करता था कि कैसे मेरे जीवन को उन लोगों के निर्णयों और त्यागों ने आकार दिया है जिन्होंने मुझे जन्म से और अपनी पसंद से प्यार किया। कई मायनों में, मेरा सफ़र इस बात का प्रमाण रहा है कि परिवार की पहचान सिर्फ़ खून के रिश्ते से नहीं, बल्कि प्यार, देखभाल और उन लोगों से होती है जो आपके साथ खड़े होने का फ़ैसला करते हैं।

सबसे बड़ी बेटी होने के नाते, मेरे दो छोटे भाई-बहन थे, एक बहन और एक भाई। हमारे पिता, जो वायु सेना में सक्रिय रूप से सेवारत थे, एक असाधारण व्यक्ति थे। बचपन से ही, मैंने उन्हें हमेशा संजोया है। बड़े होते हुए, हमारे बीच कई मतभेद हुए, लेकिन मैं मानती हूँ कि वे मेरे और मेरे छोटे भाई-बहनों के लिए एक अच्छे पिता थे। कम उम्र में माँ का असमय चले जाना एक बहुत ही दर्दनाक अनुभव था, खासकर मेरे दो छोटे भाई-बहनों के लिए, और पंद्रह साल बाद, हमारे पिता के निधन ने हमें अनाथ होने का एहसास दिलाया। किसी भी उम्र में, माता-पिता दोनों को खोना काफी भावनात्मक कष्ट देता है। पारिवारिक एकता की भावना को बढ़ावा देने और सांत्वना प्रदान करने में माता-पिता की भूमिका महत्वपूर्ण होती है, जिससे हमारे पारिवारिक बंधन मज़बूत होते हैं।

मेरी सर्जरी के बाद, मेरी चचेरी बहन, जोसेफिन ने अस्पताल के बिस्तर पर मेरी एक तस्वीर ली, जिसे उसने मेरे भाई-बहनों के साथ साझा किया ताकि उन्हें मेरी प्रगति के बारे में पता चलता रहे। दुर्भाग्य से, उस तस्वीर ने उन्हें काफी चिंता में डाल दिया और बेचैनी की भावनाएँ पैदा कर दीं, क्योंकि

उन्हें पता था कि वे शारीरिक रूप से मौजूद नहीं हो पा रहे हैं और मुझे सहारा नहीं दे पा रहे हैं क्योंकि वे सभी फिलीपींस में रहते हैं। मेरी बहन के साथ बातचीत के दौरान, उसने मेरी स्थिति के बारे में अपनी चिंता व्यक्त की और बताया कि मेरी तस्वीर देखकर उसे उदासी की भावनाएँ हुईं, जिससे उसे भावनात्मक पीड़ा हुई, जिसे उसने अपना धैर्य बनाए रखने और मुझे कोई असुविधा न पहुँचाने के लिए छिपाना पसंद किया।

मैं शुक्रगुज़ार हूँ कि मेरी जैविक माँ अभी भी जीवित हैं और अच्छी सेहत में हैं, और मैं जल्द ही उनके साथ अच्छा समय बिताने के लिए उत्सुक हूँ। जब भी मैं और मेरी माँ वीडियो चैट करते हैं, तो वह हिम्मत से पेश आती हैं, लेकिन मैं बता सकता हूँ कि वह डरी हुई हैं और मेरी सलामती को लेकर चिंतित हैं। मेरे जैविक पिता का 2018 में 90 साल की उम्र में नींद में शांतिपूर्वक निधन हो गया। क्रोनिक अस्थमा से पीड़ित होने के बावजूद, वे स्वस्थ थे और उनकी याददाश्त अभी भी तेज़ थी। वे एक महान सिद्धांतवादी व्यक्ति थे, जो ईमानदारी, सम्मान और दूसरों के प्रति दयालुता को महत्व देते थे।

आठ जैविक भाई-बहनों में से एक होने के नाते, मैं सबसे बड़े भाई से तीसरे स्थान पर हूँ। मेरे परिवार ने मेरे स्वास्थ्य को लेकर काफ़ी चिंता व्यक्त की है और मुझे घर वापस जाने के लिए ज़ोरदार सलाह दी है जहाँ वे मेरी पर्याप्त देखभाल कर सकें। उनके भावनात्मक दर्द को देखकर मुझे बहुत दुख हुआ, जो आँसुओं में प्रकट हुआ। मेरी सबसे बड़ी बहन, नोएमी, हमारे बीच की भौतिक दूरी को देखते हुए, मेरे लिए समर्थन जुटाने के उद्देश्य से अमेरिका में रहने वाले हमारे रिश्तेदारों और दोस्तों से सक्रिय रूप से संपर्क करने की कोशिश कर रही थी।

देश से बाहर रहने वाला परिवार का इकलौता सदस्य होना एक कठिन अनुभव हो सकता है। ऐसे पल अक्सर अकेलेपन और भविष्य को लेकर आशंकाओं की भावनाएँ जगाते हैं। तैंतीस साल से भी ज़्यादा समय तक घर से दूर रहने के बावजूद, मैंने पाया है कि यह अनुभव अविश्वसनीय रूप से सशक्त रहा है, जिसने मुझे अपनी मर्ज़ी से ज़िंदगी जीने और एक ऐसी जीवनशैली अपनाने की आज़ादी दी है जो सचमुच मेरे साथ मेल खाती है।

पोर्टलैंड हेड लाइट, पोर्टलैंड, मेन में अपने न्यूयॉर्क परिवार के साथ

अध्याय 19
मेरा लाल सागर क्षण

जब मैं पिछले साल के बारे में सोचता हूँ, तो मैं इसे सिर्फ़ लाल सागर जैसा क्षण ही कह सकता हूँ। सिर्फ़ तीन महीनों में, मुझे तीन बड़ी ब्रेन सर्जरी का सामना करना पड़ा, एक ऐसा अनुभव जो बहुत ही भारी, अनिश्चित और कभी-कभी भयावह लगा। फिर भी, इन सबके बीच, मैंने परमेश्वर की निष्ठा और चमत्कारों को ऐसे तरीकों से देखा जो मुझे आज भी विस्मित करते हैं।

सर्जरी के बाद जब मैं जीवन को आगे बढ़ाने की कोशिश कर रही थी, तो मेरे मन में कई सवाल उठने लगे:

- क्या मैं कभी वे काम कर पाऊँगा जो मैं पहले करता था?
- क्या मेरा मस्तिष्क भी उसी तरह काम करेगा?
- क्या होगा यदि मेरी योग्यताएं पहले की तरह काम न करें?

मैं खुद को अनिश्चितता के सागर में पाता था, यह सोचने की कोशिश कर रहा था कि इतने जीवन-परिवर्तनकारी अनुभव के बाद मैं एक नया जीवन कैसे शुरू करूँ। सोचने के लिए बहुत कुछ था, और कई बार, मैं अज्ञात के बोझ तले दबा हुआ महसूस करता था। लेकिन संदेह के उन क्षणों में भी, मैंने ईश्वर की उपस्थिति का सुकून महसूस किया। भजन संहिता 23:4 (एनआईवी) उन महीनों के दौरान मेरी वास्तविकता बन गया: *चाहे मैं मृत्यु के साये से भरी तराई में से होकर चलूँ, तौभी मैं किसी बुराई से न डरूँगा, क्योंकि तू मेरे साथ है; तेरी लाठी और तेरी लाठी मुझे शान्ति देती हैं*।

मैं इस सच्चाई से चिपका रहा, यह जानते हुए कि परमेश्वर न केवल मेरे साथ है, बल्कि मेरा मार्गदर्शन भी कर रहा है, मेरी रक्षा कर रहा है और मेरी ज़रूरतें पूरी कर रहा है। इसका परिणाम किसी चमत्कार से कम नहीं था। मेरे शरीर ने जो कुछ भी सहा था, उसके बाद भी मैं *बिना किसी कमी के बच गया*। जब भी मैं इस पर विचार करता हूँ, मुझे ये शब्द याद आते हैं, " *प्रभु तुम्हारे लिए लड़ेगा; तुम्हें बस शांत रहना है*" (निर्गमन 14:14)।

अपनी आखिरी सर्जरी के चार महीने बाद, मैं काम पर वापस लौट पाया, एक ऐसा मुकाम जिसे मैं दोबारा हासिल कर पाऊँगा, ऐसा मुझे यकीन नहीं था। मैं आज यहाँ अपनी सेहत, अपनी क्षमताओं और ईश्वर के प्रेम और विश्वासयोग्यता की गवाही के साथ मौजूद होने के लिए बेहद धन्य हूँ। जैसे उसने लाल सागर पर इस्राएलियों के लिए रास्ता बनाया था, वैसे ही उसने मेरे लिए भी रास्ता बनाया जब कोई रास्ता नज़र नहीं आ रहा था। मेरी कहानी उन चमत्कारों का प्रमाण है जो ईश्वर आज भी हमारे जीवन में करते हैं।

जो कोई भी व्यक्ति लाल सागर की स्थिति का सामना कर रहा है, मैं उनसे प्रार्थना करता हूं कि वे उसी सत्य में आशा पाएं जो मुझे लेकर आया था: ईश्वर का प्रेम कभी असफल नहीं होता, और वह आपके साथ है, यहां तक कि सबसे अंधेरी घाटियों में भी।

छह महीने की एकांतवास की स्थिति के बाद, काम पर वापस लौटना ताज़ी हवा के झोंके जैसा लगा, उद्देश्य और संभावनाओं से भरा एक नया अध्याय। इस मुकाम तक पहुँचने का सफ़र आसान नहीं था। अनिश्चितता, चुनौतियों और सर्जरी के बाद ज़िंदगी कैसी होगी, इस बारे में सवालों के कई पल आए। फिर भी ईश्वर की कृपा से, मैं यहाँ हूँ, पहले से कहीं ज़्यादा मज़बूत और दृढ़निश्चयी।

स्वास्थ्य लाभ के उन महीनों ने मुझे धैर्य, लचीलापन और विश्वास सिखाया। यह सिर्फ़ शारीरिक उपचार के बारे में नहीं था; यह ईश्वर को मेरी आत्मा को पुनर्स्थापित करने और जीवन के इस नए दौर में मेरा मार्गदर्शन करने देने के बारे में था। अब मैं जो भी कदम उठाता हूँ, वह एक जीत जैसा लगता है और मुझे याद दिलाता है कि ईश्वर कितने वफ़ादार हैं। काम पर लौटना बहुत खुशी की बात रही है। यह सिर्फ़ एक दिनचर्या से कहीं बढ़कर है; यह उनके आशीर्वाद का प्रतीक है और उन सभी चीज़ों का उत्सव है जिन पर मैंने विजय पाई है।

मैं इस नई शुरुआत को अपनाने के लिए बेहद उत्साहित हूँ, यह जानते हुए कि ईश्वर की कृपा से सब कुछ संभव है। हर बार जब मैं चर्च जाता हूँ, तो मुझे समुदाय के अद्भुत उपहार की याद आती है। मेरे दोस्त और प्रियजन

गर्मजोशी से मेरा स्वागत करते हैं और मुझे लगातार याद दिलाते हैं कि उन्होंने मेरे स्वास्थ्य लाभ के दौरान हर दिन मेरे लिए प्रार्थना की थी। यह जानकर कि मैं हर दिन उनकी प्रार्थनाओं में शामिल रहा, मेरा हृदय कृतज्ञता से भर जाता है। प्रार्थना में उनकी निष्ठा ईश्वर के प्रेम का एक सशक्त प्रमाण रही है।

यह जानकर मुझे बहुत खुशी और सुकून मिलता है कि इस सफ़र में मैं कभी अकेला नहीं था। न सिर्फ़ ईश्वर मेरे साथ थे, बल्कि उन्होंने मुझे विश्वासियों के एक ऐसे परिवार से घेर रखा था जो ज़रूरत पड़ने पर मेरे साथ खड़ा रहा। मैं अपने चर्च परिवार का बहुत आभारी हूँ, जिन्होंने मेरे ठीक होने के लिए विश्वास और प्रार्थना करना कभी नहीं छोड़ा। उनका प्यार और विश्वास मुझे उस शक्ति और एकता की याद दिलाता है जो मसीह के शरीर का हिस्सा होने से मिलती है। सचमुच, मैं ऐसे अद्भुत लोगों से घिरा हुआ पाकर धन्य हूँ।

निष्कर्ष:
जीवन के मौसमों को अपनाना

सभोपदेशक 3:1-8:

हर चीज़ के लिए एक समय

हर बात का एक वक़्त होता है,

और आकाश के नीचे होने वाले प्रत्येक काम के लिये एक समय है:

समय और मरने का समय,

समय और उखाड़ने का समय,

समय और चंगा करने का समय,

तोड़ने का समय और बनाने का समय ,

समय और हँसने का समय,

समय और नृत्य करने का समय,

समय और उन्हें इकट्ठा करने का समय,

समय और गले लगाने से बचने का समय,

समय और त्याग करने का समय,

समय और फेंक देने का भी समय,

समय और सुधारने का समय,

समय और बोलने का समय,

समय और नफरत करने का समय,

समय और शांति का समय.

सभोपदेशक की पुस्तक का अध्याय 3 हमें याद दिलाता है कि जीवन अलग-अलग उद्देश्यों और समय के साथ अलग-अलग ऋतुओं से भरा है। हम शुरुआत और अंत दोनों का अनुभव करते हैं। ऐसे समय होते हैं जब चीज़ों

को बनाने या उन्हें और मज़बूत बनाने की ज़रूरत होती है और ऐसे समय भी होते हैं जब उन्हें हटाने की ज़रूरत होती है। कभी-कभी, हम दुःख और हानि का सामना करते हैं, लेकिन कभी-कभी, हम हँसते और जश्न मनाते हैं। हम खोज और सीखने के दौर से गुज़रते हैं, लेकिन ऐसे क्षण भी आते हैं जब हमें उन चीज़ों को छोड़ देना चाहिए जिनकी अब ज़रूरत नहीं है। ऐसे समय भी आते हैं जब हमें अपनी बात कहने की ज़रूरत होती है और चिंतन करने और सुनने का समय भी। हम सभी प्रेम और संघर्ष के क्षणों का अनुभव करते हैं।

हर चीज़ अपने समय पर होती है। जीवन के विभिन्न कालखंड ईश्वर की महान योजना का हिस्सा हैं। यह समझना कि हर चीज़ का एक समय होता है, हमें ईश्वर की दिव्य योजना पर भरोसा करने में मदद करता है। यह जानते हुए कि वह नियंत्रण में है, चुनौतीपूर्ण समय में भी, ईश्वर कार्य कर रहे हैं, हमें आकार दे रहे हैं और अपने उद्देश्य की ओर ले जा रहे हैं।

ज़िंदगी परीक्षाओं, दर्द, पीड़ा, दिल टूटने, आर्थिक तंगी और अपनों के बिछड़ने से भरी है। मैं इन सब से गुज़रा हूँ, और पीछे मुड़कर देखता हूँ, तो पाता हूँ कि कैसे हर पल में ईश्वर काम कर रहा था। जो कभी मुश्किलें लगती थीं, वही मेरे जीवन की सबसे बड़ी सीख बन गईं, जिन्होंने मेरे दिल को आकार दिया और मेरे विश्वास को गहरा किया।

हे मेरे भाइयो, जब तुम नाना प्रकार की परीक्षाओं में पड़ो, तो इसको पूरे आनन्द की बात समझो, यह जानकर कि तुम्हारे विश्वास के परखे जाने से धीरज उत्पन्न होता है। और धीरज को अपना पूरा फल दो, कि तुम पूरे और सिद्ध हो जाओ और तुम में किसी बात की घटी न रहे। याकूब 1:2-4 (NASB 1995)

परीक्षाएँ हमें तोड़ने नहीं आतीं; वे हमें निखारने आती हैं। वे हमारे विश्वास की मज़बूती को उजागर करती हैं, हमें दिखाती हैं कि हम कहाँ खड़े हैं और हमें वास्तव में एक उद्धारकर्ता की कितनी ज़रूरत है। भजन संहिता 28:7 (NKJV) इसे पूरी तरह से व्यक्त करता है: *यहोवा मेरा बल और मेरी ढाल है; मेरा हृदय उस पर भरोसा रखता है, और मुझे सहायता मिली है; इसलिये मेरा हृदय आनन्दित है, और मैं गीत गाकर उसका धन्यवाद करूँगा।*

जब मैं कमज़ोर था, तब ईश्वर मेरी ताकत रहे हैं और जब मैं असुरक्षित था, तब मेरी ढाल। उनमें मुझे मदद, आशा और शांति मिली है। सबसे कठिन समय में भी, मेरे हृदय ने उन पर पूरा भरोसा करना सीखा है। और इसी भरोसे के कारण, मुझे परीक्षाओं के दौरान भी आनंद और कृतज्ञता मिली है। इन अनुभवों ने मुझे सिखाया है कि विश्वास का मतलब दर्द से बचना नहीं है; बल्कि जीवन की परिस्थितियों में दृढ़ रहना है, यह जानते हुए कि ईश्वर सब कुछ नियंत्रित कर रहे हैं। उनकी योजनाएँ हमेशा अच्छी होती हैं, तब भी जब हम पूरी तस्वीर नहीं देख पाते। हर परीक्षा उनके प्रेम और विश्वासयोग्यता का प्रमाण बन गई है। मैंने जो कुछ भी सहा है—जीवन के संघर्षों से लेकर गंभीर स्वास्थ्य चुनौतियों पर विजय पाने तक—उसके माध्यम से, मैं उन लोगों के लिए आशा का संचार करने की गहरी इच्छा महसूस करता हूँ जो पीड़ित हैं।

मैं जानता हूँ कि अनिश्चितता, दर्द और डर के दौर से गुज़रना कैसा होता है, लेकिन मैं यह भी जानता हूँ कि दूसरी तरफ़ मज़बूत, समझदार और विश्वास में और मज़बूत होकर बाहर आना क्या मायने रखता है। मेरी आशा उन लोगों के लिए अँधेरे में रोशनी बिखेरने की है जो अपनी ही मुश्किलों से जूझ रहे हैं।

मैंने जो सबसे बड़ा सबक सीखा है, वह है अपना पक्ष खुद रखना। आपकी कहानी, आपके संघर्ष या आपकी ज़रूरतों को आपसे बेहतर कोई नहीं जानता। अपनी आवाज़ उठाएँ, सवाल पूछें और उस देखभाल और समझ के लिए संघर्ष करें जिसके आप हक़दार हैं। सबसे बढ़कर, डर को अपने जीवन पर हावी न होने दें। डर झूठा है! यह हमें बताता है कि हम अकेले हैं, चुनौतियाँ बहुत बड़ी हैं, या हममें सहने की ताकत नहीं है।

सच्चाई यह है: परमेश्वर हमारी समस्याओं से बड़ा है।

वह *हर* आँसू देखता है, *हर* प्रार्थना सुनता है, और *हर* कदम पर हमारे साथ चलता है। जब हम उस पर निर्भर होते हैं, तो हमें सबसे कठिन संघर्षों का भी सामना करने का साहस मिलता है। हम पाते हैं कि उसका अनुग्रह पर्याप्त है, और उसकी शक्ति हमारी कमज़ोरी में सिद्ध होती है।

आप चाहे किसी भी समस्या का सामना कर रहे हों, यह जान लें कि आप अकेले नहीं हैं।

आपकी यात्रा में आशा, उपचार और एक उद्देश्य है। ईश्वर पर भरोसा रखें और उन्हें अपना मार्गदर्शन करने दें। ईश्वर की योजना में परीक्षाएँ कभी व्यर्थ नहीं जातीं। ये हमें उनकी उपस्थिति, उनकी प्रतिज्ञाओं और उनके अटूट प्रेम का मूल्य सिखाती हैं। कष्टों के माध्यम से, हम उनके आशीर्वाद की गहराई और उनके अनुग्रह की परिपूर्णता को समझते हैं।

आमतौर पर, सबसे कठिन समय में ही हम उसका हाथ सबसे स्पष्ट रूप से देख पाते हैं, जो हमें उसके करीब लाता है और हमारे विश्वास को मज़बूत करता है। लेकिन परीक्षाएँ सिर्फ़ हमारे विकास के लिए नहीं होतीं; ये हमें दूसरों की मदद करने के लिए तैयार करती हैं। जब हम कष्ट सहते हैं, तो हमें ज़रूरत के समय दूसरों को सहारा देने के लिए सहानुभूति और बुद्धि मिलती है। हम उन्हें परमेश्वर की विश्वासयोग्यता की याद दिला सकते हैं, सिर्फ़ अपनी पढ़ी हुई बातों से नहीं, बल्कि अपने अनुभवों से भी।

परमेश्वर हमें देता है, उन्हें भी शान्ति दे सकें, जो किसी प्रकार के क्लेश में हों। क्योंकि जैसे मसीह के दुःख हम पर भी भारी पड़ते हैं, वैसे ही हमारी शान्ति भी मसीह के द्वारा बहुत होती है। 2 कुरिन्थियों 1:4-5

परमेश्वर हमें हमारी सभी परेशानियों में सांत्वना देते हैं, ताकि हम उन लोगों को भी सांत्वना दे सकें जो मुसीबत में हैं, और जो हमें परमेश्वर से मिलती है। कष्ट हमें उनकी शक्ति और प्रेम के पात्र बनने, दूसरों के बोझ को सहने और उन्हें उनकी ओर वापस लाने में सक्षम बनाते हैं। परीक्षाएँ हमें न केवल अपने लिए, बल्कि दूसरों को भी सहनशीलता विकसित करने में मदद करने के लिए सहनशीलता सिखाती हैं। वे हमें याद दिलाती हैं कि परमेश्वर का उद्देश्य हमेशा उस क्षण से बड़ा होता है जिसमें हम हैं। आज हमारे संघर्ष कल किसी और के लिए ज़रूरी गवाही बन सकते हैं। इसलिए कष्टों में भी, परमेश्वर हमारी और हमारे आस-पास के लोगों की भलाई के लिए काम कर रहे हैं। परीक्षाओं के माध्यम से, वह हमें आकार दे रहे हैं और हमें दूसरों के लिए एक प्रकाश बनने के लिए तैयार कर रहे हैं, ज़रूरतमंद दुनिया पर अपनी महिमा और प्रेम प्रकट कर रहे हैं।

जीवन अक्सर एक युद्ध जैसा लगता है, जहाँ कठिनाइयाँ और परीक्षाएँ हमारी शांति, आनंद और आशा को चुराने की कोशिश करती हैं। यीशु ने स्वयं हमें यूहन्ना 10:10 (NASB) में इस बारे में चेतावनी दी है: *चोर किसी और काम के लिए नहीं, बल्कि केवल चोरी करने, घात करने और नष्ट करने को आता है; मैं इसलिए आया कि वे जीवन पाएँ, और बहुतायत से पाएँ।*

यह पद मेरे दिल को गहराई से छूता है क्योंकि मैं ऐसे दौर से गुज़रा हूँ जहाँ मुझे ऐसा लगा जैसे मुझसे सब कुछ छीन लिया जा रहा है—मेरा स्वास्थ्य, मेरी स्थिरता, यहाँ तक कि मेरी आशा भी। लेकिन इन सबके बावजूद, मैं यीशु के इन शब्दों की सच्चाई समझ पाया हूँ: दुश्मन भले ही नाश करना चाहे, लेकिन यीशु हमें बहाल करने और हमें जीवन—भरपूर जीवन—देने आते हैं।

वह भरपूर जीवन सिर्फ़ धरती पर आशीषों के बारे में नहीं है; यह उसके साथ अनंत जीवन के बारे में है। अनंत जीवन उसी क्षण शुरू होता है जब हम यीशु को अपना प्रभु और निजी उद्धारकर्ता स्वीकार करते हैं। जब हम उस पर भरोसा रखते हैं, तो हम उसकी शांति, आनंद और शक्ति का अनुभव करने लगते हैं जो हमें हमारे संघर्षों से उबारती है। और यह भविष्य की महिमा का वादा है, जहाँ दुख-दर्द नहीं रहेंगे और हम हमेशा उसके साथ रहेंगे।

स्वास्थ्य संबंधी संघर्षों पर विजय पाने और जीवन की चुनौतियों का सामना करने की अपनी यात्रा पर विचार करते हुए, मैंने देखा है कि कैसे यीशु ने मुझे उन तरीकों से भरपूर दिया है जिनकी मैंने कभी उम्मीद भी नहीं की थी। उन्होंने मेरे हृदय को आशा से भर दिया, मेरे विश्वास को गहरा किया, और मुझे याद दिलाया कि यह जीवन क्षणभंगुर है। उनसे हमारी अंतिम आशा यही है कि उन्होंने पहले ही मृत्यु पर विजय प्राप्त कर ली है, और उनके माध्यम से, हम अनंत जीवन प्राप्त कर सकते हैं।

चाहे दुश्मन कुछ भी चुराने की कोशिश करे, यीशु और भी ज़्यादा देते हैं—ज़्यादा खुशी, ज़्यादा शांति, ज़्यादा ताकत, और सबसे ज़रूरी, खुद को और भी ज़्यादा। उनके ज़रिए, हमें सबसे अनमोल तोहफ़ा मिलता है: अनंत जीवन। मेरी आशा है कि मैं आपको इस सच्चाई की याद दिला सकूँ: आपके

सबसे बुरे वक़्त में भी, यीशु आपको भरपूर और अनंत जीवन दे रहे हैं। उन पर भरोसा रखें और उन्हें इस वादे की ओर ले जाने दें।

यदि आप यीशु को अपना व्यक्तिगत उद्धारकर्ता और प्रभु के रूप में स्वीकार करना चाहते हैं, तो कृपया यह सरल प्रार्थना करें:

प्रभु यीशु, मैं आज आपके समक्ष खुले हृदय से उपस्थित हूँ। मैं स्वीकार करता हूँ कि मैं एक पापी हूँ, और मुझे आपकी क्षमा की आवश्यकता है। मेरा विश्वास है कि आप मेरे पापों के लिए क्रूस पर मरे और फिर से जी उठे, और मुझे अनंत जीवन का उपहार दिया। मैं आपसे विनती करता हूँ कि आप मेरे हृदय में आएँ, मुझे अपनी पवित्र आत्मा से भरें, मेरे उद्धारकर्ता और मेरे जीवन के प्रभु बनें। मैं आप पर विश्वास करता हूँ और आपके उद्धार के उपहार को स्वीकार करता हूँ। कृपया मेरा मार्गदर्शन करें और जीवन भर आपका अनुसरण करने में मेरी सहायता करें। यीशु के नाम में। आमीन।

अगर आपने यह प्रार्थना सच्चे दिल से और अपने दिल की गहराइयों से की है, तो जान लीजिए कि अब आप परमेश्वर की संतान हैं। आपके पाप क्षमा कर दिए गए हैं और आपको परमेश्वर के परिवार में स्वागत किया गया है।

यदि तू अपने मुँह से यीशु को प्रभु जानकर अंगीकार करे, और अपने मन से विश्वास करे कि परमेश्वर ने उसे मरे हुओं में से जिलाया, तो तू निश्चय उद्धार पाएगा। रोमियों 10:9

यह विश्वास की एक अविश्वसनीय यात्रा की शुरुआत है, और परमेश्वर हर कदम पर आपके साथ रहने का वादा करता है। आपको चुनौतियों का सामना करना पड़ेगा, लेकिन याद रखें, आप कभी अकेले नहीं हैं। यीशु हर तूफ़ान में आपके साथ चलेंगे, आपको शांति, शक्ति और मार्गदर्शन प्रदान करेंगे।

मैं आपको प्रार्थना के माध्यम से, बाइबल में उनके वचन को पढ़कर, और विश्वासियों के एक ऐसे समुदाय से जुड़कर जो आपको प्रोत्साहित और सहारा दे सकें, परमेश्वर के साथ एक रिश्ता बनाने के लिए प्रोत्साहित करता हूँ। भरोसा रखें कि आपके जीवन के लिए उनका एक उद्देश्य है, और जैसे-

जैसे आपका विश्वास बढ़ता जाएगा, आप उनके प्रेम और अनुग्रह का अनुभव ऐसे तरीकों से करेंगे जिनकी आपने कभी कल्पना भी नहीं की होगी।

परमेश्वर के परिवार में आपका स्वागत है! आपकी आस्था की यात्रा अभी शुरू ही हुई है, और उसने आपके लिए अद्भुत चीज़ें रखी हैं।

मैं प्रार्थना करता हूँ कि जैसे-जैसे आप विश्वास में आगे बढ़ेंगे, प्रभु आपको भरपूर आशीर्वाद दें, आपको जीवन में आने वाली हर चुनौती का सामना करने की शक्ति और अनुग्रह प्रदान करें। ईश्वर की शांति, जो समझ से परे है, आपके हृदय की रक्षा करे और ईश्वर के मार्ग पर आपका मार्गदर्शन करे। उनका प्रेम आपको घेरे रहे और उनकी उपस्थिति आपको हर परिस्थिति में सहारा दे। यीशु के नाम में। आमीन।

मैं अपने भूरे बालों को स्वीकार करते हुए, उन सभी वर्षों के लिए अनुग्रह, गर्व और कृतज्ञता के साथ अपने जीवन का सम्मान कर रहा हूँ, जिन्होंने मुझे यहाँ तक पहुंचाया है।

अग्रिम पठन

डैन टैनर द्वारा संकलित उद्धरणों का संग्रह (ब्लैकशियर, जीए: अप्रकाशित, 1999)।

ट्रिप बोडेन, *फ्रेडी एंड मी: फ्रेडी बेनेट से जीवन के सबक, ऑगस्टा नेशनल के लीजेंडरी कैडी मास्टर* (न्यूयॉर्क, एनवाई: स्काईहॉर्स पब्लिशिंग, 2009)।

डॉ. माइक ब्राउन, *अवॉइडिंग द स्नेयर* (मोबाइल, ए.एल.: डायमंड पब्लिशिंग, 2007).

जॉन डिक्सन, *ह्यूमिलिटास : ए लॉस्ट की टू लाइफ, लव, एंड लीडरशिप* (ग्रैंड रैपिड्स, एमआई: ज़ोंडरवन, 2011)।

बॉब फर्र और के कोटन , *रेनोवेट या डाई: अपने चर्च को मिशन पर केंद्रित करने के 10 तरीके* (नैशविले, टीएन: एबिंगडन प्रेस, 2011)।

क्रिस होजेस, *फ्रेश एयर: बासी आध्यात्मिक दायित्व को जीवन-परिवर्तनकारी, ऊर्जाप्रद, ईश्वर के साथ प्रतिदिन अनुभव-प्राप्त संबंध के लिए बदलना* (तुलसा, ओ.के.: टिंडेल मोमेंटम, 2012)।

जीभ पर नियंत्रण , आर.टी. केंडल, करिश्मा हाउस, लेक मैरी, फ्लोरिडा, 2007

डायने मुल्ड्रो, *मुझे जो कुछ भी जानना चाहिए था, वह मैंने एक छोटी सी गोल्डन बुक से सीखा* (न्यूयॉर्क: एनवाई: रैंडम हाउस, 2013)।

जोस लुइस नवाजो, *सोमवार मेरे पुराने पादरी के साथ: कभी-कभी हमें केवल किसी ऐसे व्यक्ति की याद दिलाने की आवश्यकता होती है जो हमसे पहले चला है* (नैशविले, टीएन: थॉमस नेल्सन, इंक., 2012)।

माइकल रिकर, *ए हार्ट अफ्लेम: इंस्पिरेशन फॉर द जर्नी* (ब्रैडेनटन, FL: जॉनसन प्रिंटिंग कंपनी, 2004)।

रिचर्ड रोहर, *द यूनिवर्सल क्राइस्ट: हाउ ए फॉरगॉटन रियलिटी कैन चेंज एवरीथिंग वी सी, होप फॉर, एंड बिलीव* (न्यूयॉर्क, एनवाई: कन्वर्जेंट बुक्स, 2019)।

रॉबर्ट ए. शूलर , *गेटिंग थ्रू व्हाट यू आर गोइंग थ्रू* (नैशविले, टीएन: थॉमस नेल्सन, इंक., 1986)।

रॉबर्ट एच. शूलर , *टर्निंग हर्ट्स इनटू हेलोस एंड स्कार्स इनटू स्टार्स* (नैशविले, टीएन: थॉमस नेल्सन, इंक., 1999)।

डॉ. चार्ल्स स्टेनली, *वॉकिंग विद गॉड* (नैशविले, टीएन: थॉमस नेल्सन, इंक., 2012)।

ली स्ट्रोबेल , *द केस फॉर मिरेकल्स: ए जर्नलिस्ट इन्वेस्टिगेट्स एविडेंस फॉर द सुपरनैचुरल* (ग्रैंड रैपिड्स: एमआई: ज़ोंडरवन, 2018)।

एंड्रयू वोमैक , ईश्वर की इच्छा *कैसे खोजें, उसका पालन करें, उसे पूरा करें: आपके जीवन के लिए ईश्वर की इच्छा* (तुलसा, ओ.के.: हैरिसन हाउस पब्लिशर्स, 2013)।

एंडनोट्स

1. “हृदय रोग,” विश्व स्वास्थ्य संगठन, https://www.who.int/health-topics/cardiovascular-diseases#tab=tab_1 .

2. “कोहनी प्रतिस्थापन सर्जरी,” मेयो क्लिनिक, 22 मई , 2024 , https://www.mayoclinic.org/tests-procedures/elbow-replacement-surgery/about/pac-20385126 ।

3. पोबे डैन्ज़ा , एमपीएच, ताए ही कू, एमपीएच, मेरेडिथ हैडिक्स , एमपीएच, एट अल।, "SARS-CoV-2 संक्रमण और 18 वर्ष से अधिक आयु के वयस्कों में अस्पताल में भर्ती होना , टीकाकरण की स्थिति के अनुसार, SARS-CoV-2 B.1.1.529 (ओमिक्रॉन) वैरिएंट प्रबलता से पहले और उसके दौरान - लॉस एंजिल्स काउंटी, कैलिफ़ोर्निया, 7 नवंबर, 2021-8 जनवरी, 2022," रोग नियंत्रण और रोकथाम केंद्र, 1 फरवरी, 2022, अद्यतन, 4 फरवरी, 2022, https://www.cdc.gov/mmwr/volumes/71/wr/mm7105e1.htm ।

4. “बेल्स पाल्सी, कोविड टीकों के बाद एक प्रतिकूल घटना,” नेशनल लाइब्रेरी ऑफ मेडिसिन, https://pmc.ncbi.nlm.nih.gov/articles/PMC11247443/ .

5. “बेल्स पाल्सी,” मेयो क्लिनिक, 15 मार्च, 2024 https://www.mayoclinic.org/diseases-conditions/bells-palsy/symptoms-causes/syc-20370028 .

6. “ क्रेनिएक्टोमी ,” क्लीवलैंड क्लिनिक, अंतिम बार 13 अप्रैल, 2023 को समीक्षा की गई, https://my.clevelandclinic.org/health/treatments/24901-craniectomy ।

7. “ग्लूकोमा,” मेयो क्लिनिक, 5 नवंबर, 2024, https://www.mayoclinic.org/diseases-conditions/glaucoma/diagnosis-treatment/drc-20372846 ।

8. “ इंट्रासेरेब्रल हेमरेज,” अमेरिकन एसोसिएशन ऑफ न्यूरोलॉजिकल सर्जन, 8 अप्रैल, 2024, https://www.aans.org/patients/conditions-treatments/intracerebral-hemorrhage/ .

www.ingramcontent.com/pod-product-compliance
Lightning Source LLC
LaVergne TN
LVHW010807051026
849532LV00007B/2464
9798349639449